OGGI in ITALIA A First Course in Italian

Third Edition Merlonghi / Merlonghi / Tursi

Workbook / Lab Manual

Franca Celli Merlonghi
Pine Manor College

Ferdinando Merlonghi

Joseph A. Tursi
State University of New York at Stonybrook

Houghton Mifflin Company Boston
Dallas Geneva, Illinois Lawrenceville, New Jersey Palo Alto

Components of *Oggi in Italia, Third Edition:*

Student Text (hardbound)
Instructor's Annotated Edition (hardbound)
Instructor's Manual (paperbound) with Sample Tests
Workbook/Lab Manual
Recordings (reel-to-reel and cassette format)
Tapescript and Answer Key for Workbook/Lab Manual
Overhead Transparencies
GPA (Grade Performance Analyzer)

Cover photograph by Eric Meola / The Image Bank

Printed in the U.S.A.
ISBN: 0-395-42415-1
Library of Congress Catalog Card Number: 86-80965

CDEFGHIJ-B-898

Contents

Introduction

Workbook

The Workbook to accompany OGGI IN ITALIA, *Third Edition* provides additional exercises designed to reinforce and/or supplement the material presented in the student text. Each workbook chapter contains original exercises that focus on the new structures and vocabulary in the *Ampliamento del vocabolario* and *Struttura ed uso* sections of the corresponding lesson in the text. The exercises range from simple completions to the construction of simple sentences and short paragraphs based on suggested guidelines. These contextual writing exercises allow students to practice written Italian and to expand their ability to associate the spoken word with the written word. For the instructor's convenience, an Answer Key to most of the exercises in the Workbook is provided at the back of the OGGI IN ITALIA *Tapescript*.

Lab Manual

The second part of the Workbook for OGGI IN TALIA contains a lab manual that corresponds to selected activities in the tape program. For these activities (such as listening comprehension drills and dictations), students are instructed on the tape to turn to the lab manual worksheet for that lesson. Students then use this worksheet to mark their answers and to write the dictations. While most of these drills are immediately corrected on the tape to help students recognize listening errors, instructors may nevertheless want to collect the worksheets to check the dictations or to confirm lab attendance. The entire text of the tape program is printed in the OGGI IN ITALIA *Tapescript*. An Answer Key to the lab exercises is also provided at the back of the *Tapescript*.

Lezione preliminare

I. *Comprensione*

A. Luca and his friend Angelica are on their way to class. Complete the conversation, using the text dialogue, *Che peccato!* (text p. 6), as a guide.

Luca: _____*Ciao*_____, Angelica, come ___*stai*___?

Angelica: Molto ___*bene*___, e ___*tu*___?

Luca: Così ___*così*___. ___*Hai*___ lezione?

Angelica: Sì, ___*fra*___ due ___*minuti*___! *or Sì, ho due lezioni*

Luca: Sei in ___*ritardo*___!

Angelica: Sì, ci ___*vediamo*___ domani!

Luca: _____*Ciao*_____, Angelica.

B. Match the English expressions in the first column with the Italian equivalents in the second column by writing the correct letter of the alphabet. There is one extra item in the second column.

_d_ 1. Good-by.

_f_ 2. What's your name? *(formal)*

_e_ 3. What's your name? *(informal)*

_g_ 4. See you soon.

_a_ 5. Good morning, sir.

_c_ 6. See you tomorrow.

a. Buon giorno, signore.
b. A più tardi.
c. A domani.
d. Arrivederci.
e. Come ti chiami?
f. Come si chiama lei?
g. A presto.

C. Write the Italian equivalents of the following words.

1. special ___*speciale*___

2. city ___*città*___

3. national ___*nazionale*___

4. information ___*informazione*___

5. university ___*università*___

6. professor ___*professore, professoressa*___

7. tradition ___*tradizione*___

8. gulf ___*golfo*___

II. *Geografia*

D. Complete the following statements using words from the list of geographical terms and the map on page 3 of your workbook. *Note:* *della* = of the   *di (d')* = of   *del* = of the

Alpi	nord	fiume	penisola
capitale	città	isola	regione

1. L'Italia è una ___penisola___.

2. La ___capitale___ d'Italia è Roma.

3. Pisa è una ___città___ della Toscana.

4. Il Po è un ___fiume___.

5. Torino è nel ___nord___ d'Italia.

6. Le ___Alpi___ sono una catena di montagne nel nord d'Italia.

Because it is plural you do not use l'

7. La Sardegna è un' ___isola___.

8. L'Umbria è una ___regione___ d'Italia.

E. **A quiz on Italian geography.** Provide the information requested. Look at the map of Italy on page 3 of your workbook for helpful hints.

1. una catena di montagne nel nord d'Italia: ___Alpi___

2. una regione italiana del nord, ed una regione italiana del sud: ___Lombardia___ e ___Calabria___

3. due importanti porti italiani: ___Livorno___ e ___Napoli___

4. tre paesi al nord d'Italia: ___Austria___, ___Svizzera___, ___Francia___

5. due isole italiane: ___Sicilia___ e ___Sardegna___

6. un fiume italiano: ___Po___

7. due mari italiani: _____ e _____

8. la capitale d'Italia: ___Roma___

9. tre città italiane: una del nord, una del centro ed una del sud: ___Milano___, ___Perugia___, ___Catanzaro___

Carta politica d'Italia

Italia

Lezione 1ᵃ   Lei come si chiama?

I. Comprensione

A. You've just been introduced to Emilio Valle and Giulia Campo. Tell your friends about them, using the text monologues, *Lei come si chiama?* (text p. 17), as a guide.

1. Emilio Valle è _studente campo_ .

2. È _italianoi_ ed è di Pisa.

3. Ha _venti anni_ e frequenta _l'università di Bologna_

4. Emilio studia _medicina_ .

5. Giulia Campo è _italiana a liceale_

6. È una _studentessa liceale_ ed è di _Bari_ .

7. Frequenta _il liceo scientifico_ .

8. Ha _____ .

B. You meet a young Italian at an international sports competition. He wants to know all sorts of things about you. Answer with complete sentences.

1. Lei di dov'è? _Sono di Iowa._

2. È studente/studentessa o professore/professoressa? _Sono una studentessa._

3. Quanti anni ha? _Ho ventidue anni_

4. Frequenta il liceo o l'università? _Frequento l'università._

5. È italiano/a o americano/a? _Sono americana_

C. Complete the paragraph below with the appropriate words from the list.

anni, professore, medicina, è, studentessa, l'università, signorina

Paolo Darini è _signorina_ ed _____ di Bologna. La

_____ Buoni è _____; frequenta

_____ di Napoli e studia _medicina_ . Ha venti _anni_ .

II. Ampliamento del vocabolario

D. How old are the following people? Answer in complete sentences, writing out the numbers in Italian.

> > Tommaso/60 e Romano/16   *Tommaso ha sessanta anni e Romano ha sedici anni.*

1. Vanni/2 e Maria/25

   Vanni ha due anni e Maria ha venticinque anni.

2. Danilo/39 e Elena/43

   Danilo ha trentanove anni ed Elena ha quarantatre anni

3. Giacomo/89 e Nina/96

   Giacomo ha Ottantanove anni e Nina ha Novantasei anni

4. Roberto/24 e Valeria/23

   Roberto ha ventiquattro anni e Valeria ha ventitré anni

E. Identify in Italian the objects described, using the scene below as a guide. Give the correct indefinite article with each item.

> > a machine you can use to calculate with   *una calcolatrice*

1. a machine you can use to process information *un computer*

2. three things you can use to write with *una mattita, una penna, unna macchina da scrivere*

3. two things on which you can write *un quadero, un foglio di carta*

4. three things you can listen to *una radio, un televisore, uno stereo, un disco*

5. something on which you can watch a televised program *un televisore*

F. Match the Italian expressions with the English equivalents. There is one extra English expression.

d 1. Che peccato!   a. Not too bad.

f 2. Scusa.   b. Thanks.

e 3. Sono in ritardo.   c. In five minutes.

a 4. Non c'è male.   d. Too bad!

b 5. Grazie.   e. I'm late.

g 6. Ciao.   f. Excuse me.

     g. Bye.

III. Struttura ed uso

G. You're new in class, and the student next to you tells you about everyone else in class. Use the appropriate subject pronouns. *[Subject pronouns, p. 24]*

> *Loro* sono di Roma e *noi* siamo di Boston.

1. _____Lei_____ si chiama Antonella e _____lui_____ si chiama Stefano.

2. _____Tu_____ sei studente e _____loro_____ sono professori.

3. _____Io_____ studio legge e _____lei/lui_____ studia medicina.

4. _____Lui/Lei_____ ha diciassette anni ed _____Io_____ ho ventun'anni.

5. _____Noi_____ siamo americani e _____Voi_____ siete italiani.

H. Say something about the people mentioned by completing the sentences with the appropriate form of *essere*. *[Present tense of essere, p. 26]*

> Io *sono* al liceo; tu *sei* all'università.

1. Teresa ___è___ a Firenze; Carlo e Marisa ___sono___ a Venezia.

2. Noi ___siamo___ all'università; loro ___sono___ a casa.

3. Voi ___siete___ di Bologna; io ___sono___ di Milano.

4. Tu ___sei___ in ritardo; lei ___è___ puntuale.

5. Io ___sono___ a Salerno; Francesca ___è___ a Napoli.

6. Maria e Pia ___sono___ nella classe d'italiano; Giorgio ed Alberto ___sono___ nella classe di tedesco.

I. Mario is buying supplies for his first semester in college but he's slightly disorganized. Describe what he ends up with. *[Singular and plural forms of nouns, p. 28]*

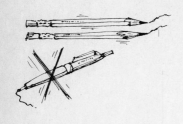

> *Ha due matite, ma non ha una penna.*

1. Ha due libri, ma non ha un quaderno

2. Ha quatrofgli di carta, ma non ha una macchina da scrivere,

3. Ha tre reviste, ma non ha un calendario

4. Ha due radio, ma non ha un libro.

5. Ha due sedie, ma non ha un tavalo

6. Ha tre dischi, ma non ha uno stereo.
         dischi

IV. Componimento

J. You are applying for admission to a summer program at an Institute for Italian Studies in Palermo. The admissions office requires you to fill out the following form as part of the application.

Nome: _Lisa Shull_____ Shull, Lisa_____

Nazionalità: _Americana_____

Città dove abita: _Napa il_____

Indirizzo *(address):* _Settanta Sei Bryan Ave._____

Numero di telefono:_____

Scuola che frequenta: _____

Quanti anni ha: _____

K. Complete the following conversation that takes place between Giacomo and Mirella, who meet between classes.

Giacomo: Ciao, Mirella. Come stai?

Mirella: _____

Giacomo: Non c'è male. Hai lezione adesso?

Mirella: _____

Giacomo: Sei in ritardo?

Mirella: _____

Giacomo: Peccato! Arrivederci.

Mirella: _____

Lezione 2ª   Chi è lei?

I.   Comprensione

A.   Write out the endings that will correctly complete the following statements based on the text monologues (text p. 37).

1. Raffaele Renzi è _professore_.

   a. architetto   b. professore   c. uno studente italiano

2. Lisa Renzi Melani è _la sorella di Raffaele_.

   a. la sorella di Raffaele   b. l'amica di Raffaele   c. la madre di Raffaele

3. Raffaele ha _un figlio_.

   a. un figlio   b. due figli   c. un fratello

4. Lisa ha trentatré anni e _non ha figli_.

   a. non è sposata   b. non lavora   c. non ha figli

5. Raffaele è professore all'Università di Roma ed insegna _informatica_.

   a. storia   b. legge   c. informatica

6. Lisa lavora con il marito ed è _architetto_.

   a. professoressa   b. architetto   c. dottoressa

7. Il professor Renzi abita _con la moglie e con il figlio_

   a. con la madre   b. con la moglie e con il figlio   c. da solo

8. La signora Renzi Melani abita _in una appartamento del centro_

   a. in una villa fuori Roma   b. in un appartamento fuori città   c. in un appartamento del centro

B.   Give an appropriate word to fit the following descriptions and definitions.

   >   Frequenta l'università e studia molto perché ha gli esami *(exams)*:   *studente/studentessa*

   1. Il contrario di *bene*: _~~cattivo~~   male_

   2. Sette giorni *(days)* formano una _settimana_.

   3. Insegna all'università: _professore/professoressa_

   4. Padre, madre e figli formano una _famiglia_.

   5. Un tipo di laurea: _matimatica_ ?

   6. Dieci, trenta, quaranta sono _numeri_.   10 più 30 più 40 fanno 80

   7. Studia informatica per lavorare con i _computer_.

   8. Il contrario di *grande*: _piccolo_

   numeri = cifre

C. Which courses of study would you choose in order to learn more about the following subjects? Write the names of the courses in Italian, using the appropriate definite article.

1. computers, disks, software: <u>l'informatica</u>

2. Hemingway, novels, poetry: <u>la letteratura</u>

3. opera, songs, rock groups: <u>la musica</u>

4. human body, cells, blood: <u>la biologia</u>

5. Washington, the Alamo, the Boston Tea Party: <u>la storia americana</u>

6. mind, behavior, Freud: <u>la psicologia</u>

7. capitalism, markets, money, inflation: <u>l'economia</u>

D. Write the Italian equivalents of the following words, using the appropriate definite article.

1. geology <u>la geologia</u> 4. sociology <u>la sociologia</u>

2. ecology <u>la scieze naturali</u> 5. philosophy <u>la filosofia</u>

3. anthropology <u>l'antropologia</u>

E. Veronica Belli is a professor at the Università per Stranieri in Perugia. Her students come from all over the world. Combine elements in each column to say where they live and what language they speak. Use the first and last names as a guide.

Hans Müller   a Madrid ✓   tedesco ✓
Peter Baker   a Parigi ✓   spagnolo
Dimitri Petrovic   a Vienna   russo ✓
Mireille La Plante   a Mosca ✓   cinese ✓
Mang Wang   abita   a Tokyo ✓   e parla *(speaks)*   inglese ✓
Kimiko Katayama   a Hong-Kong ✓   francese ✓
Rafael Marqués   a Dallas ✓   giapponese ✓
Heidi Bauer   a Francoforte ✓

> *Hans Müller abita a Vienna e parla tedesco.*

1. <u>Peter Baker abita a Dallas e parla inglese.</u>

2. <u>Dimitri Petrovic abita a Mosca e parla russo.</u>

3. <u>Mirciella La Plante abita a ~~Madrid~~ Parigi e parla ~~spagnolo~~ francese.</u>

4. <u>Mang Wang abita a Hong-Kong e parla cinese.</u>

5. <u>Kimiko Katayama abita a Tokyo e parla giapponese.</u>

6. <u>Rafael Marqués abita a ~~Parigi~~ Madrid e parla ~~francese~~ spagnola.</u>

7. <u>~~Heidi Bauer abita a Francoforte e parla tedesco.~~</u>

III. Struttura ed uso

F.   Ask these people whether they have one or two of the objects pictured below. *[Present tense of **avere**, p. 43]*

> Marco   *Hai uno o due calendari?*

1. il professore   Ha uno o due registore ?

2. Laura e Gabriele   Avete uno o due fogli di carta?

3. Tiziana   Hai uno o due macchine da scrivere ?

4. due studenti   Avete
                           ~~Hanno~~ uno o due giornali ?

5. una studentessa   Hai una o due penne ?

6. due professori   Hanno una o due calcolarice ?

G. State that the following people have several of the first item, but do not have the second item. *[Present tense of* **avere,** *p. 43]*   *Note: ma = but*

> (2 penna / gomma)   Gina *ha due penne, ma non ha una gomma.*

1. (2 foglio di carta / matita)   Io *ho due fogli di carta, ma non ho una matita.*

2. (3 penna / quaderno)   Il professore *ha tre penne, ma non ha uno quaderno.*

3. (5 amico / amica)   Stefano *ha cinque amici, ma non ha un' amica.*

4. (3 calcolatrice / computer)   Tu *hai tre calcolatrici, ma non hai un computer*

5. (4 radio / televisore)   Noi *abbiamo quatro radio, ma non abbiamo un televisore.*

H. Stefano is organizing a trip to Italy. Alfredo says that these people also would like to be on the passengers' list. Write out a question and answer as suggested to find out who each person is. *[The definite article, p. 47]*

> una signora: Alessandra Massimi   *--Come si chiama la signora?*
                                         --La signora? Si chiama Alessandra Massimi.

1. una signorina: Claudia Terenzi
Come si chiama la signorina?
La signorina? Si chiama Claudia Terenzi

2. un professore: Roberto Mauna
Come si chiama il professore?
Il Professore? Si chiama Roberto Mauna.

3. un amico di Giorgio: Mario Nardi
Come si chiama l'amico di Giorgio.

4. un dottore: Michele Vanni
Come si chiama il dottore?
Il dottore? Si Chiama Michele Vanni.

5. un signore: Paolo Ruffino
Come si chiama il signore?
Il signore? Si chiama Paolo Ruffino

6. un'amica di Gianni: Annamaria Capponi

I. Complete the following sentences with the appropriate form of the definite article. Choose carefully among *il, lo, l', i, gli, la, le*. *[The definite article, p. 47]*

> Ecco *gli* studenti.

1. Non ho ____il____ quaderno, ma ho ____i____ libri.

2. Studio ____il____ francese, non ____lo____ spagnolo.

3. ____La____ professoressa è con ____le____ studentesse italiane.

4. Ecco ____la____ sorella di Pietro ed ____i____ figli del dottor Rosa.

Gli
5. ____X____ amici di Angela sono con ____le____ amiche di Flora.

6. ____Lo____ zio di Tonio è a casa, ma ____la____ zia è a Pisa ora.

J. Create questions and answers to find out who owns what. *[Possession with di, p. 50]*

> macchina da scrivere / Laura   --*Di chi è la macchina da scrivere?*
                                        --*È di Laura.*

1. calendari / Margherita   Di chi ~~è~~ sono i calendari?
                            Sono ~~È~~ di Margherita.

2. computer / Beatrice   Di chi è il computer?
                         È di Beatrice.

3. dischi / Silvio   Di chi ~~è~~ sono i dischi?
                     Sono ~~È~~ di Silvio.

4. zaino / Tiziana   Di chi è lo zaino?
                     È di Tiziana.

5. penne / Marco   Di chi ~~è~~ sono le penne?
                   Sono ~~È~~ di Marco.

6. quaderno / Vincenzo   Di chi è il quaderno?
                         È di Vincenzo.

K. Form sentences with the words indicated by providing the appropriate form of the definite article, the correct forms of *avere*, and *di* plus a noun. *[Present tense of avere, the definite article, and possession with di + noun, pp. 43, 47, and 50]*

> (io) / avere / registratore / Tommaso   *Ho il registratore di Tommaso.*

1. tu e Aldo / avere / giornali / Bettina e Silvia

(Noi) ~~Avete~~ avete i giornali di Bettina e Silvia.

2. Carlo ed io / avere / macchina da scrivere / Paola

(Noi) Abbiamo la macchina da scrivere di Paola.

3. Matilde e Roberto / avere / zaini / Michele e Marcella

(Loro) Hanno gli zaini di Michele e Marcella.

4. la signora Biondi / avere / dischi / Roberto

(Lei) Ha i dischi di Roberto.

5. i signori / avere / riviste / Gabriele

(Loro) Hanno le riviste di Gabriele

L. Complete the following sentences with the appropriate form of the possessive adjective that corresponds to the subject pronouns cued. *[Possessive adjectives, p. 52]*

> (io)   *Mio* padre è a Palermo.

1. (noi) Nostra zia è di Pisa.

2. (lui) Sua madre abita in Italia.

3. (lei) Suo fratello ha una Ferrari.

4. (tu) Tuo padre è a casa o a Milano?

5. (loro) Il Loro figlio frequenta l'università di Pisa.

Loro always has an article.

Bell'Italia

Una rivista straordinaria.

IV. *Componimento*

M. What would you say in Italian when someone . . .

> . . . asks you what your name is? *Mi chiamo (. . .).*

1. . . . greets you by saying "Good morning, how are you?"

[Sto] Bene grazie, E tu? / Molto bene / Non ce male
E Lei? / benissimo /

2. . . . asks you what you need?

Ho bisogno di _____

3. . . . asks you if you study medicine?

No non studio medicina. Studio 'italiano

4. Perchè? . . . asks you why you don't study at night?

Perche non studi di notte? Perche, ho sonno

5. . . . asks you which subjects you have to study?

Ho bisognio di matimatica

6. . . . asks you how old you are?

Ho venti anni

7. . . . asks you if you are late to class?

No, non sono in ritardo. Sono sempre puntuale,

8. . . . asks you what school you attend?

_____

N. Write your first letter to your Italian pen pal, introducing yourself and talking about your habits. Limit your letter to about 50 words.

Caro/Cara _____ ,

_____

_____

_____

_____

_____

_____

Lezione 3ª   Che cosa fai di bello?

I. Comprensione

A. The sentences in this telephone conversation between Franco and Marisa are in the wrong order. Rewrite them in the correct sequence, using the text dialogue, *Che cosa fai di bello?* (text p. 60), as a guide.

Perché non passi a prendermi verso le cinque e mezzo? / Ciao. / Pronto? / Niente di speciale. / Va bene. A più tardi. / Ciao. Che cosa fai di bello? / Perché no? Che ora è? / Pronto, Marisa. Sono Franco. / Usciamo a prendere un gelato? / Sono le quattro e mezzo.

1. _____
2. _____
3. _____
4. _____
5. _____
6. _____
7. _____
8. _____
9. _____
10. _____

B. Each of the following sentences is followed by three nouns or phrases. Cross out any that could not logically replace the word underlined.

> A Marisa piace molto prendere <u>un gelato</u>.   (un cappuccino, una ~~stazione~~, un ~~bar~~)

1. Adesso sono <u>le tre e mezzo.</u> (più tardi, la telefonata, le due e un quarto)
2. La <u>zia</u> Delia è la sorella della madre di Marisa. (nonna, sorellina, idea)
3. Cristiano entra in un bar e <u>fa una telefonata.</u> (prende un cappuccino, compra un libro, fa lo spiritoso)
4. <u>La sorellina</u> di Marisa risponde al telefono. (la telefonata, la nonna, lo stadio)

5. Passo a prenderti <u>più tardi.</u> (stasera, niente di speciale, dammi il telefono)

6. Usciamo <u>verso le sei e mezzo?</u> (niente, oggi, il bar)

7. Adesso lo zio di Franco va <u>allo stadio.</u> (al gettone, all'idea, all'ospedale)

8. Il fratellino di Marco <u>fa lo spiritoso.</u> (dammi il telefono, niente di speciale, è noioso)

II. Ampliamento del vocabolario

C. Tell the location of the following people based on the drawings.

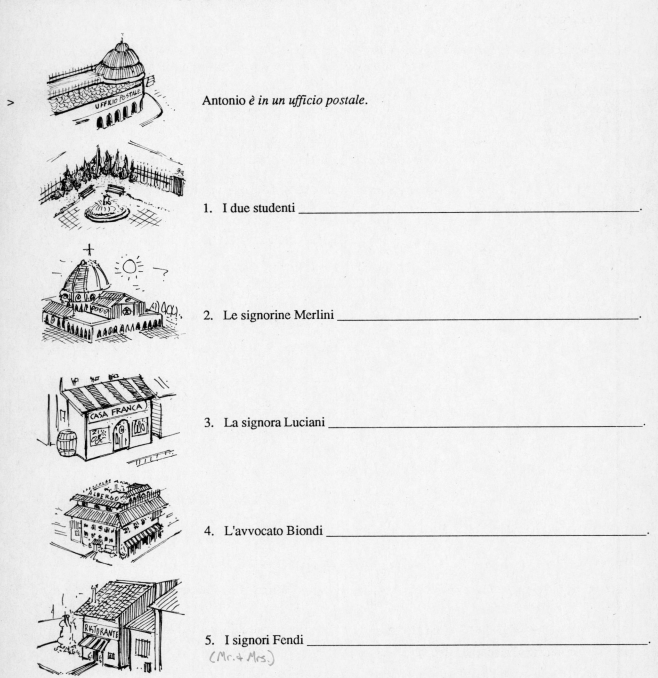

>   Antonio *è in un ufficio postale.*

1. I due studenti _____.

2. Le signorine Merlini _____.

3. La signora Luciani _____.

4. L'avvocato Biondi _____.

5. I signori Fendi _____.
(Mr. & Mrs.)

D. Your American guest needs directions to find his/her way around Rome. You leave him/her a brief note. Use the appropriate definite article and the name of the places to go.

> gelato, cappuccino, aperitivo   *il bar*

1. libri e giornali: _____

2. film *(movie):* _____

3. non stare bene, dottore: _____

4. comprare ravioli, pasta, banane: _____

5. Giotto, Botticelli, Leonardo: _____

6. dramma, commedia di Pirandello, Shakespeare: _____

7. soldi *(coins)*, carte di credito: _____

8. sport, rugby: _____

9. medicine: _____

10. università, studiare, libri: _____

E. Respond to the following personal questions briefly and creatively, using the appropriate preposition.

> Lei abita in via Cavour?   *No, in via Scarlatti.* (brief)
> *No, abito in via Scarlatti.* (complete)

1. Lei è di Milano?   _No, di_____ (brief)

    _____ (complete)

2. Con chi studia?   _____ (brief)

    _____ (complete)

3. Lei abita a Livorno?   _____ (brief)

    _____ (complete)

4. Quando ha gli esami, fra due giorni   _____ (brief)
    (days) o fra una settimana *(week)?*

    _____ (complete)

5. Per chi lavora lei?   _____ (brief)

    _____ (complete)

6. Lei telefona da Milano adesso?   _____ (brief)

    _____ (complete)

F. Say or ask what these people are doing, using the verbs in parentheses. *[Present tense of **-are** verbs, p. 67]*

> Il padre di Gino *compra* una macchina *(car)*. (comprare)

1. Noi _____ il meccanico. (aspettare)

2. Io _____ la radio. (ascoltare)

3. Franco e Annamaria _____ più tardi. (arrivare)

4. Lo studente _____ due penne. (portare)

5. Tu e Francesca _____ la televisione la sera? (guardare)

6. Luisa _____ la macchina *(car)* del padre. (guidare)

G. Form logical sentences that tell about the activities of the people listed below by selecting appropriate words from each column. Be sure to use the correct form of the verb. *[Present tense of **-are** verbs, p. 67]*

A	B
chiamare	l'università
insegnare	gli amici
usare	la madre
incontrare	una pizza
mangiare	una macchina da scrivere
frequentare	l'italiano
	il computer

1. Marco_____

2. Io _____

3. Gianni ed io _____

4. Voi _____

5. La signora Martinelli _____

6. Tu _____

H. Complete the following sentences with the correct form of the prepositions indicated plus the article. *[Prepositional contractions, p. 71]*

1. (di) La macchina _____ amico di Marco è nuova.

2. (da) Tommaso torna _____ stadio.

3. (su) Il computer è _____ tavolo.

4. (a) Mandate una lettera _____ sorelle di Patrizia?

5. (in) Gli studenti sono _____ classe di francese.

6. (a) Mio fratello arriva _____ quattro.

7. (di) Sono i registratori _____ studenti inglesi.

8. (di) Qual è la casa _____ dottor Arcardi?

9. (a) Telefono _____ figli di Matilde.

10. (su) La rivista è _____ tavolo.

I. Describe the area in which you live by indicating whether the following places are found there. Use *c'è* or *ci sono* in affirmative or negative sentences. *[The expressions c'è, ci sono, ecco, p. 74]*

> un ospedale   *C'è un ospedale.* o *Non c'è un ospedale.*

1. un liceo_____

2. un museo _____

3. due bar _____

4. una stazione _____

5. due alberghi _____

6. una banca _____

        molte banche

J. Write complete statements, using *ecco* and the appropriate indefinite article or number. *[The expressions c'è, ci sono, ecco, p. 74]*

>   *Ecco un giornale.*

1. _____

2. _____

3. _____

4. _____

5. _____

K. Write out the time shown on each digital clock. *[Che ora è? Che ore sono?, p. 76]*

>    *Sono le sedici.*

1.
_____

_____

6.
_____

_____

2.
_____

_____

7.
_____

_____

3.
_____

_____

8.
_____

_____

4.
_____

_____

9.
_____

_____

5.
_____

_____

L. It's Saturday and everyone has a date. Indicate the time set for everyone's date, according to the model. Use the expressions *di mattina, del pomeriggio,* or *di sera* to refer to A.M. or P.M. [*Che ora è? Che ore sono?, p. 76*]

> 3,00 p.m. Franco / Marisa   *Franco ha un appuntamento con Marisa alle tre del pomeriggio.*

1. 2,10 p.m. noi / signor Dini _____

2. 4,35 p.m. Marco / Luisa _____

3. 9,00 a.m. io / Laura _____

4. 10,00 p.m. Luigi / Paolo _____

5. 12,00 a.m. voi / Giuliano _____

6. 2,30 p.m. Roberto / professore d'inglese _____

IV. Componimento

M. What would you say in Italian when you are asked . . .

> . . . whether you watch television in the evening?   *Sì, guardo la televisione la sera.*
> *(No, non guardo la televisione la sera.*
> *Ascolto la radio.)*

Lei insegna l'italiano?
1. . . . whether you teach Italian?

_____
Lei telefona ai suoi amici?
2. . . . whether you phone your friends today?

_____
Lei mangia pasta?
3. . . . whether you eat pasta?

_____
Ci sono sei persone nella mia famiglia?
4. . . . whether there are six people in your family?

_____

5. . . . whether you drive a Ferrari?

_____

N. Write a brief passage or ad about your town for a tourism brochure. You might tell what people or things may be found there, using the expressions *c'è* and *ci sono.*

_____

_____

_____

_____

_____

Lezione 4ª   Cosa prendono i signori?

I.   Comprensione

A. Dopo la lettura del dialogo *Cosa prendono i signori?* (text p. 82), creare tre brevi dialoghi di cinque frasi scegliendo una frase appropriata da ciascuno dei gruppi indicati. Poi scrivere i dialoghi nello spazio appositamente riservato. *(After reading the text dialogue,* Cosa prendono i signori?, *create three brief dialogues of five sentences by selecting an appropriate sentence from each group below. Then write out the dialogues in the space provided.)*

1. a. Buon giorno, signori, cosa prendono?
    b. Ti piace andare a teatro?
    c. Hai fame? Preferisci un tramezzino al tonno?

2. a. Quale teatro?
    b. Io prendo un cappuccino, grazie.
    c. Non ho fame; ho solo sete.

3. a. E allora, cosa prendi?
    b. Al Teatro Tenda. C'è un programma di musica folcloristica.
    c. E la signorina, cosa prende?

4. a. L'idea mi piace. Quando andiamo?
    b. Una spremuta d'arancia, grazie.
    c. Un tè freddo, per favore.

5. a. Subito, signori.
    b. Cameriere, una spremuta d'arancia ed un tramezzino al tonno.
    c. Domani sera. Sei d'accordo?

1. _____

   _____

   _____

   _____

   _____

2. _____

   _____

   _____

   _____

   _____

3. _____

_____

_____

_____

_____

B. Abbinare ogni domanda della colonna A con una risposta appropriata della colonna B. C'è un elemento in più nella colonna B. *(Match each question in column A with an appropriate answer from column B. There is an extra item in column B.)*

A	B
1. ____ Devi comprare i biglietti?	a. Credo di sì.
2. ____ Ordino una birra?	b. Musica rock americana.
3. ____ Sei libera stasera?	c. Ecco un bicchiere ed una bottiglia d'acqua.
4. ____ Che cos'è in programma?	d. Non lo so.
5. ____ Martedì sono impegnato.	e. Niente mancia *(tip)* per lui.
6. ____ Non posso uscire *(cannot go out)* con te.	f. Sì, adesso chiamo il cameriere.
7. ____ Che cosa fai domani?	g. Così, così.
8. ____ Sergio vuole un po' d'acqua.	h. E mercoledì, sei libero?
9. ____ Che cameriere addormentato *(slow)!*	i. Ho già i biglietti.
10. ____ Le piace *(Do you like)* la danza folcloristica?	j. Finalmente.
	k. Mi dispiace.

II. Ampliamento del vocabolario

C. Oggi è lunedì e queste sono le attività di Edoardo. Usare altre espressioni di tempo appropriate come *stamattina, stasera,* ecc. al posto delle ore indicate. *(Today is Monday and these are Edoardo's activities. Use other appropriate expressions of time and days, such as* this morning, tonight, *etc. in place of the hours indicated.)*

Oggi, lunedì:

> Edoardo <u>alle otto</u> va all'università.   *Edoardo stamattina va all'università.*

1. <u>Alle quindici</u> telefona a sua sorella.

   _____

2. <u>Alle venti</u> guarda la televisione.

   _____

Domani, martedì:

3. <u>Alle nove</u> incontra Ruggero.

   _____

4. <u>Alle sedici</u> passa a prendere suo fratello.

   _____

5. <u>Alle ventuno</u> va a teatro con Patrizia.

   _____

Dopodomani, mercoledì:

6. <u>Alle nove</u> non è impegnato e preferisce leggere riviste ed ascoltare la radio.

   _____

   _____

D. Controllare l'agenda delle seguenti persone e dire quello che devono fare in un determinato giorno e a che ora. Scrivere una o due frasi complete per ogni persona. *(Check the respective agendas of the following people; then state what each one has to do on a given day at a given time. Write one or two complete sentences for each person.)*

> Filippo: lunedì   10,00   lezione di filosofia
>   15,30   appuntamento con Laura in Piazza Colonna

Lunedì Filippo ha lezione di filosofia alle dieci e un appuntamento con Laura in Piazza Colonna alle quindici e trenta.

1. Giuliana: martedì   12,00   in banca
                           21,00   a teatro con Silvano

_____

_____

2. Annamaria: sabato   16,30   lezione di danza
                           19,30   a mangiare una pizza con gli amici

_____

_____

3. Sergio: venerdì   8,30   lezione di fisica
                         14,00   studiare in biblioteca

_____

_____

E. Ogni cerchio contiene una parola intera. Usare la parola dentro ogni cerchio per completare ciascuna delle seguenti frasi. *(Every circle contains a complete word. Use the word within each circle to complete each of the following sentences.)*

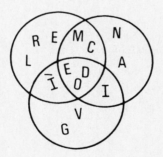

1. Non ho lezione di psicologia il _____ .

2. _____ io vado *(I go)* allo stadio con Raffaele.

3. Mi telefoni _____ sera?

III. Struttura ed uso

F. Formulare frasi con le parole indicate. *(Form sentences with the words indicated.)* *[Present tense of -ere and -ire verbs, p. 88]*

1. noi / discutere / la lezione

_____

2. tu / ricevere / gli amici a casa

_____

3. voi / rispondere / al telefono

_____

4. Marco / partire più tardi

_____

5. gli amici / finire / il caffè

_____

6. io / spedire / alcune *(some)* lettere ai nonni

_____

7. lei / leggere / i libri

_____

G. Completare le seguenti frasi con la forma corretta dei verbi elecanti. *(Complete the following sentences with the correct form of the verbs listed.)* *[Present tense of -ere and -ire verbs, p. 88]*

finire	aprire	capire
prendere	vedere	chiudere

1. Gli studenti _____ la porta dell'aula *(classroom)*.

2. Tu _____ il nonno questo pomeriggio?

3. Io _____ di mangiare alle sei ogni sera.

4. Mio padre _____ il francese.

5. Lei _____ le finestre.

6. Noi _____ un tè al bar.

H. Formulare frasi di senso compiuto, usando parole appropriate da ogni colonna. *(Make logical statements, using appropriate words from each column.)* [Present tense of *-ere* and *-ire* verbs, p. 88]

A	B
preferire	un programma alla radio
vendere	alle domande
sentire	informazioni
rispondere	un cappuccino
pulire	il libro a Carlo
chiedere	il tavolo più tardi
	uscire *(to go out)* il sabato

1. Gianni _____

2. Tu _____

3. Io _____

4. Tu ed io _____

5. I figli di Renato _____

6. La sorella di Michele _____

I. Formulare domande per le seguenti risposte, usando le parole in corsivo. *(Form questions for the following answers, using the words in italics.)* [Asking questions in Italian, p. 93]

> Marta va al bar *con Giuseppe.*   *Con chi va al bar Marta?*

1. Claudio è *a casa* adesso.

    _____

2. Torno *alle due* domani.

    _____

3. Si chiama *Roberto.*

    _____

4. *Marco* è libero giovedì sera.

    _____

5. Vado *a Roma* domenica.

    _____

6. Prendono *una spremuta d'arancia* al bar.

    _____

7. Parlate *con Claudia.*

    _____

J. Completare le seguenti frasi con la forma appropriata del verbo fra parentesi. *(Complete the following sentences with the appropriate form of the verb in parentheses.)* [Irregular verbs **dare, fare, stare, volere,** p. 95]

1. Maria e Pia non _____ bene oggi. (stare)

2. (tu) _____ una passeggiata ogni domenica? (fare)

3. I signori _____ a casa stasera. (stare)

4. Io _____ fare una domanda al professore. (volere)

5. Luigi, perché non _____ il computer a Corrado? (dare)

6. A dicembre _____ sempre freddo. (fare)

7. Tu e Paolo _____ un caffè. (volere)

IV. Componimento

K. Scrivere due o tre frasi su ognuno dei seguenti soggetti. *(Write two or three sentences about each of the following topics.)*

1. Dica ad un amico/un'amica tre cose che lei fa sabato o domenica, usando il presente. *(Tell a friend three things you are going to do on Saturday or Sunday, using the present tense.)*

   _____

   _____

   _____

2. Spieghi il suo programma per almeno tre giorni della settimana dal lunedì al venerdì. *(Explain your schedule for at least three days of the week from Monday to Friday.)*

   _____

   _____

   _____

3. Lei è in un bar italiano ed ordina qualcosa per se stesso/a ed un amico/un'amica. *(You order for yourself and a friend at an Italian bar.)*

   _____

   _____

   _____

L. Lei è appena arrivato/a a Firenze e visita la città per la prima volta. Faccia tre domande importanti ad un vigile che lei vede alla stazione. *(You have just arrived in Florence and are visiting the city for the first time. Ask a police officer whom you see in the station three important questions.)*

1. _____
   _____

2. _____
   _____

3. _____
   _____

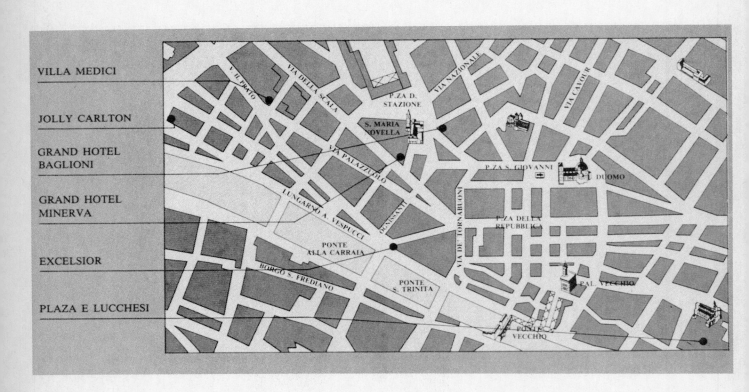

VILLA MEDICI

JOLLY CARLTON

GRAND HOTEL
BAGLIONI

GRAND HOTEL
MINERVA

EXCELSIOR

PLAZA E LUCCHESI

Lezione 5ª   Che prezzi!

I.   Comprensione

A.   Trascrivere correttamente queste frasi e poi numerarle per formare un brano di senso compiuto secondo il contenuto del dialogo, *Che prezzi!* (text p. 105).

1.   a Porta Portese / ha / che / trova / un buco / un costume / Giulietta / anche

_____ No. ____

2.   belle cose / nelle vetrine / ma / molte / i prezzi / dei negozi / ci sono / pazzeschi / del centro / sono

_____ No. ____

3.   a Porta Portese / decidono di / Teresa e Giulietta / domenica / andare / mattina

_____ No. ____

4.   nella città / sono / e / c'è / i giorni / a Roma / molta / di Carnevale / allegria

_____ No. ____

5.   la domenica / a Teresa / dormire / mattina / piace

_____ No. ____

6.   fare / a Giulietta / uno sconto / vuole / il rivenditore / di settemila lire

_____ No. ____

7.   ad una festa / vuole / un costume / deve / Giulietta / comprare / andare / e / di Carnevale

_____ No. ____

B.   Abbinare le parole di significato contrario. C'è un elemento in più nella seconda colonna.

1. ____ impegnato	a.	a buon mercato
2. ____ facile	b.	vecchio
3. ____ tutto	c.	grande
4. ____ adesso	d.	notte
5. ____ caro	e.	andare
6. ____ piccolo	f.	dopo
7. ____ venire	g.	difficile
8. ____ giorno	h.	niente
	i.	libero

C. Completare le seguenti frasi con la forma appropriata degli aggettivi, usando le illustrazioni indicate.

1. Milena è _____ , ma Irene è _____ .

2. Danilo è un ragazzo molto _____ .

3. Oggi Mariella è un po'_____ .

4. Caterina è una ragazza _____ e _____ .

5. Enzo è _____ , ma suo nonno è molto _____ .

D. Completare le seguenti frasi con un sostantivo appropriato usando l'articolo indeterminativo corretto.

1. Luigino ha due anni ed è _____ molto noioso.

2. Il padre di Raffaella è ingegnere ed è _____ molto intelligente.

3. La signora Parenti che abita vicino a noi ha settantacinque anni ed è _____ simpatica e divertente.

4. La professoressa Albanese è _____ dinamica e gentile.

5. Il fratello di Mariapia ha diciannove anni ed è basso e grasso; è _____ brutto e antipático.

6. Non mi piace il nonno di Mirella perché è _____ cattivo e sgarbato.

E. Ciascuno dei tre cerchi *(circles)* contiene una parola intera di un proverbio italiano. Manca solo l'ultima parola. Trascrivere il proverbio, usando le lettere nei cerchi e provvedendo *(providing)* l'ultima parola.

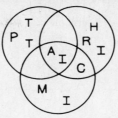

_____

III. Struttura ed uso

F. Lei descrive le caratteristiche dei membri della famiglia di un amico, Giorgio, usando il verbo *essere* e la forma appropriata degli aggettivi. *[Agreement of descriptive adjectives, p. 113]*

> lo zio / alto   *Lo zio è alto.*

1. i genitori / gentile _____

2. le sorelle / magro _____

3. il fratello / grande _____

4. i nonni / vecchio _____

5. la madre / allegro _____

6. le cugine / divertente _____

G. Indicare la nazionalità delle seguenti persone, basandosi *(referring)* sulla città da dove vengono. *[Adjectives of nationality, p. 114]*

> Michele: Modena   *Michele è italiano.*

1. Diana: Londra *(London)* _____

2. Sergio ed Irina: Mosca *(Moscow)* _____

3. Kurt: Berlino _____

4. Carlos e Mercedes: Madrid _____

5. il signor Dubois: Montreal _____

6. Phil e Tom: New York _____

H. Trascrivere ogni frase rendendola *(making it)* più completa con l'aggiunta *(addition)* della forma appropriata di un aggettivo preso *(taken)* dalla lista. *[Position of descriptive adjectives, p. 116]*

ricco	sgarbato	americano	brillante	simpatico
elegante	grande	importante	fortunato	sincero

> Marisa è una signora. *Marisa è una signora elegante.*

1. Anna lavora in un ospedale.

   _____

2. Ho un appuntamento.

   _____

3. Ci sono due professori.

   _____

4. C'è una ragazza.

   _____

5. È un'idea.

   _____

6. Licia ha una sorella.

   _____

7. Mario e Carlo sono due studenti.

   _____

8. Marco è un amico.

   _____

9. Dove sono le signore?

   _____

10. Paolo ha uno zio.

   _____

I. Rendere le frasi più enfatiche aggiungendo *(adding)* la forma corretta di *molto*.   *[Limiting adjectives, p. 118]*

> Quella ragazza è *molto* bella ed ha *molte* belle qualità.

1. I prezzi sono _____ alti in questo negozio.

2. Giulia ha _____ idee buone ma non ha _____ pazienza.

3. Tu sei _____ elegante e hai _____ costumi.

4. Perché avete sempre _____ fretta?

5. Non compro quel costume perché sono _____ grassa.

6. Abbiamo _____ tempo libero ed anche _____ amici.

7. Le idee di Giuseppe non sono _____ brillanti!

8. È facile trovare _____ studenti intelligenti in questa classe.

J. Dire da quanto tempo Roberto fa queste cose. *[Special uses of **da**, p. 120]*

> parlare al telefono (due ore)   *Parla al telefono da due ore.*

1. studiare il russo (un anno)

    _____

2. scrivere ad Anna (quattro mesi)

    _____

3. studiare architettura (due mesi)

    _____

4. guidare una Ferrari (una settimana)

    _____

5. fare acquisti a Porta Portese (molti anni)

    _____

6. leggere quella rivista (un'ora)

    _____

7. essere a casa (pochi minuti)

    _____

8. frequentare il liceo (tre anni)

    _____

K. Rispondere alle seguenti domande al negativo, usando la forma corretta di *da* secondo l'esempio. *[Special uses of da, p. 120]*

> Giorgio è dal dottore? (professore)   *No, è dal professore.*

1. Caterina è dalla nonna? (Rosa)   _____

2. I signori Selva sono dall'architetto? (ingegnere)   _____

3. Siete da Pino? (dottore)   _____

4. La signora Mannino è dalla sorella? (zio)   _____

5. Lei è dall'avvocato? (dottoressa)   _____

6. Sei da Pietro? (Gabriele)   _____

L. Dire che le seguenti persone non vengono all'ora o nel giorno stabiliti *(set)*. *[Irregular verb **venire**, p. 121]*

> il dottore / domani   *Il dottore non viene domani.*

1. i figli di Anna / giovedì

   _____

2. la zia / settimana prossima

   _____

3. voi / alle tre

   _____

4. io e Tonio / oggi pomeriggio

   _____

5. tu ed Elena / stasera

   _____

6. io / domani mattina

   _____

7. tu / alle nove

   _____

8. le signore / a mezzogiorno

   _____

M. Reagire *(React)* con sorpresa, allegria, o tristezza *(sorrow)* alle seguenti situazioni, usando in una frase *che* ed un nome più un aggettivo, ed in un'altra *che* ed un aggettivo, secondo il modello. *[Che in exclamations, p. 123]*

> Mio fratello non parla con nessuno oggi.　　*Che ragazzo antipatico! Che antipatico!*

1. Questa università è grande.　　_____

_____

2. Mio cugino ha un milione di dollari.　　_____

_____

3. Questa lezione d'italiano è molto difficile.　　_____

_____

4. Il costume di Amelia è molto brutto.　　_____

_____

5. Giovanni capisce molto bene la fisica.　　_____

_____

N. Usare *quanto*, prima con un nome e poi con un nome ed un aggettivo, secondo il modello. *[Quanto in exclamations, p. 123]*

> Ci sono molte cose vecchie qui.　　*Quante cose! Quante cose vecchie!*

1. Ci sono molti studenti intelligenti in questa classe.　　_____

_____

2. Marisa ha dieci fratelli alti.　　_____

_____

3. Ci sono molti negozi eleganti in Via Condotti.　　_____

_____

4. Gli studenti fanno molte buone domande.　　_____

_____

5. Mia madre ha molte amiche simpatiche.　　_____

_____

O. Descriva la sua persona favorita, menzionando due o tre caratteristiche importanti di quella persona e due o tre cose che generalmente fa.

_____

_____

_____

_____

P. Leggere il seguente brano; poi dare in italiano le informazioni indicate.

Il Carnevale

Con il Carnevale si indica il periodo di tempo precedente la Quaresima° in cui° la gente fa festa° e partecipa a divertimenti° pubblici e mascherate. In Italia già nei secoli° XV e XVI le feste ed i balli mascherati ebbero° molto successo. La gente generalmente portava° le maschere popolari della commedia dell'arte, quali° Arlecchino, Pulcinella, Colombina, Pantalone, ecc. Il Carnevale di Venezia ha avuto° un grande prestigio nel passato. Famosi erano i suoi fuochi artificiali°, i giochi°, le parate° ed i combattimenti simbolici.

| Lent / which
| celebrate / amusements /
| centuries // had
| wore / like
| had
| fireworks / games /
| parades

Oggi c'è una rinascita° del Carnevale in Italia e Venezia ha ripreso° il suo ruolo tradizionale con stupende feste in costume e balli in maschera. Secondo a quello di Venezia è il carnevale di Viareggio con i suoi cortei° di carri ricoperti di fiori°. Il Carnevale è da sempre° la festa dei bambini, dai più piccoli ai più grandi. Tutti partecipano con gioia a feste e sfilate° indossando° allegre maschere e costumi fantasiosi.

| rebirth / regained
|
| parades / covered with
| flowers // has always
| been // parades /
| wearing

A Roma ed in molte altre città, nelle vie del centro, durante l'ultima settimana di Carnevale si incontra° una folla° di bambini in maschera che ingaggiano° allegre battaglie° con i coriandoli°.

| one meets / crowd /
| engage in
| playfighting / confetti

1. Time of the year of the festival:_____

2. Four favorite costumes of the festival: _____

_____

3. City traditionally famous for its festival: _____

4. Four special events of the festival: _____

_____

5. Distinctive marks of the Carnevale di Viareggio: _____

_____

Lezione 6ᵃ   Ma dove ha preso i soldi?

I. *Comprensione*

A. Leggere il dialogo *Ma dove ha preso i soldi?* (text p. 129), e poi dare le seguenti informazioni.

1. Il rapporto *(relationship)* che esiste fra Edoardo Filipponi e Valerio Marotta:_____

_____

2. Quello che mangiano e dove: _____

3. Dov'è andato Edoardo sabato scorso e perché:_____

_____

4. L'acquisto che ha fatto Sergio: _____

5. Come ha avuto i soldi Sergio: _____

6. Com'è Sergio:_____

7. Quello che Valerio fa ogni settimana: _____

8. Quello che Edoardo suggerisce a Valerio:_____

_____

B. Completare le seguenti frasi scegliendo la parola o espressione appropriata fra quelle suggerite fra parentesi.

1. Sergio è partito per l'Inghilterra _____ (a buon mercato, il venti luglio, prudente).

2. Non vado negli Stati Uniti il mese prossimo perché non ho abbastanza _____ (marca, pizza, soldi).

3. Sei andato dal meccanico per fare aggiustare _____ (i prezzi, i freni, la roba) della tua macchina?

4. Guidare la motocicletta non è molto _____ (semplice, poverino, lentamente).

5. Hai giocato _____ (al mese, alla moto, al totocalcio) questa settimana?

6. Non vinco mai alla lotteria. Sono sempre _____ (rosso, altro, sfortunato).

7. Perché Sergio ha _____ (rimandato, dimenticato, fatto) la partenza a sabato prossimo?

8. --Quando è venuta tua sorella?

--_____ (Il primo luglio, La settimana prossima, Il mese prossimo).

C. Scrivere quali sono . . .

1. i mesi primaverili: _____

2. i mesi estivi: _____

3. i mesi autunnali: _____

4. i mesi invernali: _____

D. Dica quali stagioni dell'anno associa con i seguenti disegni. Poi menzioni due attività che lei svolge *(do)* durante ogni stagione.

1. _____   2. _____

_____   _____

_____   _____

3. _____   4. _____

_____   _____

_____   _____

E. In giornali, riviste o libri cercare il giorno ed il mese in cui sono nati quattro personaggi celebri o popolari.

1. _____

2. _____

3. _____

4. _____

F. Scriva cosa ha fatto ieri nelle ore indicate, usando al posto dell' ora un'espressione appropriata come *ieri, ieri mattina,* ecc.

Ore 10,00 _____

Ore 16,00 _____

Ore 20,00 _____

G. Scriva in tre frasi alcune cose che lei ha fatto, usando tre espressioni diverse con *scorso*.

1. _____

2. _____

3. _____

H. Ora scriva altre tre frasi, per dire cosa ha fatto, usando tre espressioni diverse con *fa*.

1. _____

2. _____

3. _____

III. Struttura ed uso

I. Scriva quello che ha fatto ieri. *[Present perfect with **avere** and **essere**, pp. 137 and 141]*

> andare in centro   *Sono andato/a in centro.*

1. incontrare Stefania all'università

_____

2. entrare con Stefania in un ristorante

_____

3. comprare due panini

_____

4. parlare con Stefania per un'ora

_____

5. visitare i Musei Capitolini

_____

6. tornare a casa alle tre del pomeriggio

_____

J. Descrivere quello che le seguenti persone hanno fatto mercoledì, usando la prima espressione fra parentesi. Poi dire che non hanno fatto la seconda attività, usando il passato prossimo nelle due frasi. *[Present perfect with **avere** and **essere**, pp. 137 and 141]*

> (lavorare / andare a teatro) Paolo   *Paolo ha lavorato. Non è andato a teatro.*

1. (visitare i nostri cugini / pulire la macchina) noi

_____

_____

2. (partire alle due / restare a casa) Elena

_____

_____

3. (andare al cinema / finire i compiti) gli studenti

_____

_____

4. (dormire / ascoltare la radio) io

_____

5. (guardare la televisione / studiare l'italiano) Margherita ed Elena

_____

_____

6. (arrivare tardi / incontrare Luciana) voi

_____

_____

K. Dire cosa hanno fatto queste persone lo scorso fine-settimana, usando la forma corretta del passato prossimo del verbo fra parentesi. *[Past perfect with **avere** and **essere**, pp. 137 and 141]*

1. Paolo _____ con i suoi genitori (*parents*). (uscire)

2. Noi _____ con gli amici. (mangiare)

3. Carlo e Pino _____ a Perugia. (restare)

4. Voi _____ gli zii. (visitare)

5. Io _____ un film. (vedere)

6. Tu _____ in anticipo. (arrivare)

7. I miei cugini (*cousins*) _____ i loro amici a casa. (invitare)

8. Enrico _____ per Napoli. (partire)

L. Scriva sette frasi per descrivere quello che lei ha fatto ogni giorno della settimana. Se vuole, può (*you can*) usare alcune delle parole elencate. *[Past perfect with **avere** and **essere**, pp. 137 and 141]*

andare, comprare, mangiare al ristorante, telefonare agli amici, studiare, visitare, dormire, ricevere una lettera, ecc.

1. Lunedì _____

2. Martedì _____

3. Mercoledì _____

4. Giovedì _____

5. Venerdì _____

6. Sabato _____

7. Domenica _____

M. Formulare frasi per descrivere quello che Cristina ha fatto. Usare il passato prossimo dei verbi elencati. *[Irregular past participles, p. 143]* *Note:* ball = *palla*

scrivere	aprire	perdere	chiudere	rispondere
fare una gita	leggere	bere	nascere	discutere

1. _____

2. _____

3. _____

4. _____

5. _____

6. _____

7. _____

8. _____

N. Formulare frasi di senso compiuto usando gli elementi delle colonne B e C per descrivere quello che le persone della colonna A hanno fatto. *[Irregular past participles, p. 143]*

A	B	C
Carlo	scrivere	a casa
tu	spendere	un film italiano
noi	vedere	molti soldi
io	fare	un viaggio
voi	mettere	i libri sul banco
Laura e Lisa	rimanere	tre cartoline *(postcards)*
	perdere	le riviste
	leggere	la borsa *(handbag)*

> *Carlo ha scritto tre cartoline.*

1. _____

2. _____

3. _____

4. _____

5. _____

6. _____

O. Ordinare ad una bambina di fare o non fare alcune cose, secondo le indicazioni. *[Tu-commands, pp. 146 and 149]*

> giocare con il cane *(dog)* (no)   *Non giocare con il cane!*
> prendere il gelato (sì)   *Prendi il gelato!*

1. mangiare il panino (no)_____

2. bere il latte (sì) _____

3. fare attenzione (sì)_____

4. andare a giocare con i bambini (no) _____

5. stare in giardino *(garden)* (sì) _____

6. andare in salotto *(living room)* (no)_____

7. aspettare pazientemente (sì) _____

8. chiudere la porta (no)_____

9. venire qui (sì)_____

10. essere buona (sì) _____

P. La professoressa Mannini ordina ai suoi studenti di fare o non fare alcune cose. *[Voi-commands, p. 146 and 149]*

> rispondere alle domande (sì)   *Ragazzi, rispondete alle domande!*
> aprire il libro (no)   *Ragazzi, non aprite il libro!*

1. leggere il dialogo (sì)   _____

2. scrivere queste parole (no)   _____

3. aspettare un momento (sì)   _____

4. andare in biblioteca (sì)   _____

5. lasciare *(leave)* la porta aperta (no)   _____

6. chiudere le finestre (no)   _____

7. finire il compito (sì)   _____

8. partire alle sette (no)   _____

Q. Sandro suggerisce al fratello di fare alcune cose insieme a lui. *[Noi-commands, pp. 146 and 149]*

> *Andiamo* al mare! (andare)

1. _____ a tennis! (giocare)

2. _____ una gita! (fare)

3. _____ qualcosa! (bere)

4. _____ quel film! (vedere)

5. _____ la macchina! (pulire)

6. _____ per Siena! (partire)

IV. Componimento

R. Cambiare le seguenti narrative dal presente al passato prossimo. Fare attenzione specialmente ai verbi ed alle espressioni di tempo.

1. Oggi esco *(I go out)* di casa alle otto. Prendo l'autobus e arrivo al liceo alle otto e mezzo. Incontro Michele ed entriamo. Dopo le lezioni andiamo al caffè Gli Sportivi a prendere un caffè ed una pizza. Ritorno a casa alle tre del pomeriggio.

_____

_____

_____

_____

2. Che giorno interessante! Stamattina faccio molte cose per mia madre. Poi studio la matematica, leggo la lezione d'italiano, scrivo due lettere ai nonni, rispondo alla lettera di Luisa e metto tutto in ordine nella mia stanza *(room)*. Quanto lavoro *(work)!*

_____

_____

_____

_____

S. Lei è ad un colloquio *(interview)* per ottenere un impiego *(job)* come guida *(guide)* della città. Scriva le risposte alle domande che le vengono fatte *(that you are asked)*.

Direttore: Quando è nato/a lei?

Lei: _____

Direttore: Da quanto tempo abita in questa città?

Lei: _____

Direttore: Ha fatto molti viaggi?

Lei: _____

Direttore: Ha visto molte città e paesi?

Lei: _____

Direttore: Ha letto libri sui musei e monumenti della nostra città?

Lei: _____

Direttore: Ha risposto alle domande del nostro questionario?

Lei: _____

Direttore: Ha messo la firma sulla domanda d'impiego *(job application)?*

Lei: _____

Direttore: Ha preso mai i mezzi *(means of transportation)* pubblici della città?

Lei: _____

Lezione 7ª   Il mercato all'aperto

I. Comprensione

A. Il seguente brano è basato sul dialogo *Il mercato all'aperto* (text p. 157). Completare gli spazi con parole o frasi appropriate.

Gabriella si sveglia _____. Poi _____ e si lava. Gabriella lavora e

durante _____ fa la spesa _____.

Oggi però è sabato e Gabriella fa la spesa _____, dove compra arance ed

_____.

B. Da ogni gruppo di parole cancellare quella che non ha nessuna relazione con le altre.

>	a. la frutta	b. l'arancia	c. la cosa	d. l'uva
1.	a. il bicchiere	b. il latte	c. l'acqua	d. il lavoro
2.	a. la lira	b. tremila	c. la matita	d. il prezzo
3.	a. a piedi	b. alzarsi	c. lavarsi	d. svegliarsi
4.	a. la libbra	b. dolce	c. al chilo	d. mezzo chilo
5.	a. vestirsi	b. prepararsi	c. prendere	d. svegliarsi
6.	a. il fruttivendolo	b. urbano	c. il mercato	d. l'uva

.... *una foglia di lattuga,*
una fetta di Franchino.
Un grissino.....
e una fetta di Franchino.
..... un ricciolo di burro,
e una fetta di Franchino.....
Un sorso di vino e....:.
una fetta di Franchino.

EREDI FRANCHI: una fetta di piacere

Tupperware : IL MODO DI CONSERVARE

C. Dire quanto costano le seguenti frutta e verdure, scrivendo frasi complete ed il prezzo in lettere.

> *Le mele costano tremilacinquecento lire al chilo.*

1. _____

2. _____

3. _____

4. _____

5. _____

6. _____

7. _____

8. _____

D. In un'enciclopedia cercare la data di nascita di tre personaggi famosi e scrivere i numeri in lettere.

> *Tommaso Jefferson è nato nel millesettecentoquarantatré.*

1. _____

2. _____

3. _____

E. Scriva quello che lei mangia e beve la mattina a colazione.

_____

_____

F. Dica quali sono tre verdure che le piacciono e tre verdure che non le piacciono.

_____   _____

_____   _____

_____   _____

G. Scriva il nome di quattro tipi di frutta che lei mangia spesso. Usi l'articolo determinativo appropriato.

_____   _____

_____   _____

III. Struttura ed uso

H. Immagini di essere ad una fiera *(fair)* internazionale con la sua amica Anna. Domandi ad Anna quali articoli preferisce, usando le forme corrette di *questo* e di *quello*, secondo l'esempio. *[Demonstrative adjectives* **questo** *and* **quello**, *p. 166]*

> computer giapponese o computer americano?   *Preferisci questo computer giapponese o quel computer americano?*

1. calcolatrice grande o calcolatrice piccola?

_____

2. orologio americano o orologio svizzero *(Swiss)*?

_____

3. dischi americani o dischi italiani?

_____

4. televisore tedesco o televisori francesi?

_____

5. macchine inglesi o macchine italiane?

_____

I. Questo pomeriggio lei ha cura del *(take care of)* suo fratellino che fa sempre molte domande. Risponda alle domande al negativo, usando la forma corretta del pronome dimostrativo. *[Demonstrative pronoun* **questo,** *p. 169]*

> Compri quel costume?   *No, compro questo.*

1. Leggi quella rivista?   _____

2. Ascolti quei dischi?   _____

3. Porti quel dizionario a scuola?   _____

4. Conosci quei bambini?   _____

5. Preferisci quella macchina rossa?   _____

6. Compri quelle arance?   _____

J. Lei ha comprato varie cose per i suoi amici. Indichi a Pietro di chi sono gli oggetti, usando prima l'aggettivo e poi il pronome dimostrativo. *[Demonstrative adjectives and pronouns* **questo** *and* **quello,** *pp. 166 and 169]*

> aranciata / Carlo / Luigi   *Quest'aranciata è per Carlo e quella è per Luigi.*

1. calcolatrice / Marta / Raffaele

_____

2. penne / Gino / Adriana

_____

3. formaggio / madre / zia

_____

4. funghi / Michele / Tommaso

_____

5. costume / Antonio / Tina

_____

6. biglietti / Mario / Marco

_____

K. Descrivere i seguenti oggetti, usando gli aggettivi e pronomi dimostrativi secondo il modello. *[Demonstrative adjectives and pronouns* **questo** *and* **quello,** *pp. 166 and 169]*

carta geografica	quaderno	fogli di carta
penne	scrivania *(desk)*	matita
libro	sedia	porta

> *Questa carta geografica è di (Aldo). Quella è di (Vittorio).*

1. _____

2. _____

3. _____

4. _____

5. _____

6. _____

7. _____

8. _____

L. Descriva come lei comincia di solito un giorno della settimana, usando i seguenti suggerimenti *(suggestions)* e facendo tutti i cambiamenti *(changes)* necessari. *[Reflexive verbs, p. 171]*

> alzarsi / 7,00   *Mi alzo alle sette.*

1. svegliarsi / 6,30 _____

2. lavarsi / mani _____

3. prepararsi / caffè _____

4. mettersi / cappotto _____

5. recarsi *(to go)* / università _____

6. addormentarsi / sempre tardi _____

M. Formulare frasi di senso compiuto per dire cosa hanno fatto le persone nella colonna A, usando il passato prossimo dei verbi della colonna B. *[Reflexive verbs, p. 171]*

A	B	C
noi	ricordarsi (di)	guardare quel programma alla TV
Giacomo	divertirsi (a)	alle otto
i miei amici	lavarsi	presto *(early)*
voi	addormentarsi	andare in centro
io	prepararsi (per)	telefonare a Laura
tu	alzarsi	le mani *(hands)*

> (noi) *Ci siamo alzati alle otto.*

1. _____

2. _____

3. _____

4. _____

5. _____

6. _____

N. Formulare frasi nel passato prossimo con le parole indicate. *[Reflexive verbs with reciprocal meanings, p. 174]*

> Antonio ed io / incontrarsi / nel pomeriggio
> *Antonio ed io ci siamo incontrati nel pomeriggio.*

1. io e Viola / vedersi / ieri

_____

2. tu e Giulio / scriversi / ogni settimana

_____

3. noi / salutarsi / ieri

_____

4. tu e Paolo / telefonarsi / stamattina

_____

5. Giulia e Giacomo / aiutarsi / domenica

_____

6. Maria e Pina / incontrarsi / alla pizzeria

_____

O. Dire cosa fanno o non fanno le seguenti persone. Completare le frasi usando il presente dei verbi fra parentesi.
   [Reflexive constructions with reciprocal meaning, p. 174]

1. Noi non _____. (salutarsi)

2. Giorgio e Tina _____ a fare i compiti. (aiutarsi)

3. Io e Carlo _____ più tardi. (vedersi)

4. Tu e Gino _____ al bar. (incontrarsi)

5. I miei fratelli non _____. (parlarsi)

P. Dire cosa bevono le seguenti persone alla festa di Gianni. *[Irregular verb **bere**, p. 176]*

> Laura / un tè freddo   *Laura beve un tè freddo.*

1. io / bicchiere di vino   _____

2. io e Carla / spremuta d'arancia   _____

3. Gianni / acqua minerale   _____

4. mia madre / espresso   _____

5. tu e Claudia / cappuccino   _____

6. tu / coca-cola   _____

Q. Riferire quello che le seguenti persone dicono, usando i verbi *dire* ed *uscire*. *[Irregular verbs **dire** and **uscire**, p. 176]*

> Paola / alle due   *Paola dice che esce alle due.*

1. mia sorella / domani   _____

2. i miei fratelli / stasera   _____

3. io / alle dodici   _____

4. tu / alle cinque meno dieci   _____

5. tu ed io / venerdì alle nove   _____

6. voi / sabato mattina   _____

R. Stefano e Gabriella vanno al mercato all'aperto. Scrivere un dialogo di circa 80 parole su quello che gli amici comprano per la festa di sabato prossimo. Usare aggettivi e pronomi dimostrativi.

_____

_____

_____

_____

_____

_____

_____

_____

_____

S. Leggere le seguenti informazioni su Claudia e Federico. Poi provvedere *(provide)* le risposte date da Claudia alla sua amica Maria.

Claudia e Federico sono buoni amici. Si sono incontrati l'anno scorso al mare ed ora si vedono spesso. Qualche volta *(sometimes)* si aiutano anche a fare i compiti.

Maria: Quando vi siete incontrati tu e Federico?

Claudia: _____

Maria: Dove vi siete incontrati?

Claudia: _____

Maria: Vi vedete spesso?

Claudia: _____

Maria: Vi siete visti ieri sera?

Claudia: _____

Maria: Vi aiutate a fare i compiti?

Claudia: _____

Maria: Vi scrivete lettere e cartoline quando andate in vacanza?

Claudia: _____

Lezione 8ª   Chi mi accompagna?

I. Comprensione

A. Le seguenti frasi basate sul dialogo, *Chi mi accompagna?* (text p. 181), sono in ordine sbagliato. Leggerle e poi metterle in ordine, dando un numero a ciascuna di esse per formare un dialogo di senso compiuto. Poi scrivere in forma narrativa la storia di cui parlano.

N⁰ _____   Lisa: --Non è vero. Sei solo molto sgarbato.
Simone: --Ma guarda un po'. Non capisci proprio. Se ho da fare, ho da fare.

N⁰ _____   Lisa: --Hai sempre problemi! Cos'è che non va?
Simone: --La macchina. L'ho portata dal meccanico ieri.

N⁰ _____   Lisa: --Ho detto se, mi puoi dare un passaggio.
Simone: --Mi dispiace, ma non posso proprio.

N⁰ _____   Lisa: --E va bene. Questa volta ti scuso.
Simone: --Sei un piccolo tesoro!

N⁰ _____   Lisa: --Simone, senti!
Simone: --Che vuoi?

N⁰ _____   Lisa: --Sei sempre il solito! Sempre poco gentile con tua sorella.
Simone: --Guarda. Non esagerare! C'è un problema.

N⁰ _____   Lisa: --Mi puoi dare un passaggio?
Simone: --Come? Non ho sentito bene!

N⁰ _____   Lisa: --I freni un'altra volta?
Simone: --Sì, ma non dire niente a mamma e papà. Sai come sono loro.

N⁰ _____   Lisa: --Perché no?
Simone: --Ho molto da fare.

_____

_____

_____

_____

_____

_____

_____

_____

_____

_____

B. Abbinare le descrizioni della colonna A con una parola o frase appropriata della colonna B. C'è un elemento in più nella colonna B.

A

1. ____ dove andiamo quando vogliamo fare un viaggio

2. ____ il pasto *(meal)* che mangiamo la sera

3. ____ essere molto occupati

4. ____ la persona che lavora in un ufficio

5. ____ quello che facciamo prima di andare a stare in un albergo

6. ____ cosa bisogna fare per imparare a guidare la macchina

B

a. avere da fare

b. impiegato *(clerk)*

c. telefonare per prenotare una stanza *(room)*

d. lezioni di guida

e. agenzia di viaggi

f. da domani

g. cena

II. *Ampliamento del vocabolario*

C. Sotto ogni disegno scrivere frasi complete, indicando cosa fanno i membri della famiglia Bertoni in questo momento.

Il padre _____.

La madre _____.

La nonna _____.

Il figlio _____.

Il nonno _____.

La figlia _____.

D. Completare le seguenti frasi con parole appropriate.

1. Un uomo ed una donna formano_____.

2. Se un uomo non è sposato, è _____.

3. Se una donna non è sposata, è _____.

4. I nonni accompagnano_____ al parco.

5. L'uomo che è sposato con mia sorella è mio _____.

6. Quando un marito ed una moglie decidono di non vivere più insieme per incompatibilità, allora _____

_____.

7. Quando una giovane coppia vuole sposarsi, generalmente decidono di _____ prima di diventare marito e moglie.

8. Non siamo una famiglia numerosa. Ho i miei genitori, un fratello e due nonni. Ho pochi

_____.

E. Ad una stazione di servizio. Completare in maniera logica il dialogo che si svolge fra il benzinaio *(gas station attendant)* e la signorina, scegliendo le battute *(lines)* fra quelle indicate in basso.

-- Solo le gomme, grazie. / --No. Solo dieci litri di benzina, per cortesia. / --Trentamila lire. / --Oh, scusi. Eccola. / -- Arrivederla, signorina. / --Ha ragione. Controllo l'olio e le gomme?

Benzinaio: Buon giorno, signorina. Vuole fare il pieno?

Signorina: _____

Benzinaio: Mi dà la chiave *(key)* del serbatoio *(tank)*, per favore?

Signorina: _____

Benzinaio: Benzina regolare?

Signorina: Sì, certo. Quella che costa meno. Con questi prezzi pazzeschi diventa sempre più difficile avere la macchina.

Benzinaio: _____

Signorina: _____

Benzinaio: Ecco le chiavi.

Signorina: Quanto pago?

Benzinaio: _____

Signorina: Ecco a lei, grazie. Buon giorno.

Benzinaio: _____

III. *Struttura ed uso*

F. Completare le seguenti frasi, usando i verbi *dovere, potere* e *volere*. *[Modal verbs:* **dovere, potere,** *and* **volere,** *p. 188]*

1. Noi _____ prendere un caffè adesso. (potere)

2. Io _____ studiare prima di uscire. (dovere)

3. (tu) _____ andare al mercato? (volere)

4. Tu ed Elisabetta _____ finire il vostro lavoro. (dovere)

5. Le ragazze vogliono uscire ma non _____. (potere)

6. Mia madre _____ imparare il russo. (volere)

7. Io devo mangiare ma non _____ adesso. (potere)

8. Perché (tu) _____ uscire ora? (dovere)

G. Cambiare le seguenti frasi, usando i pronomi possessivi. *[Possessive pronouns, p. 190]*

> Abbiamo le sue arance.   *Abbiamo le sue.*
> Pietro ha i quaderni di Giorgio.   *Pietro ha i suoi.*

1. Ho la mia bicicletta. _____

2. Ha il registratore di Annabella. _____

3. Abbiamo le nostre riviste. _____

4. Ha la macchina dei miei genitori. _____

5. Hai la sua calcolatrice? _____

6. Pino e Giovanni hanno le matite di Edoardo. _____

7. Ha i suoi fogli di carta. _____

H. Supponga *(Suppose)* di essere in un ristorante con varie persone. Suo fratello, Roberto, non sa cosa hanno ordinato gli altri. Lo aiuti! *(Help him!)* *[Possessive pronouns, p. 190]*

> Queste patate sono per Gino o per me?   *Non sono sue, sono tue.*

1. Questo pollo *(chicken)* è per me o per te? _____

2. Questi fagiolini sono per Luigi o per noi? _____

3. Questa pasta è per te o per Elisabetta? _____

4. Questa birra è per me o per Francesco? _____

5. Queste fragole sono per Marianna o per te? _____

I. Rispondere alle seguenti domande personali. *[Possessive pronouns, p. 190]*

1. Quale macchina preferisce? La sua o quella del suo amico?

_____

2. Che preferisci usare? Il nostro computer o quello di suo fratello?

_____

3. Quale città è più grande? La sua città o quella di suo cugino?

_____

4. Quali libri vuole? I miei libri o quelli degli studenti?

_____

5. I suoi amici preferiscono i suoi dischi o quelli di sua sorella Maria?

_____

J. Riscrivere le frasi, sostituendo (replacing) alle parole in corsivo (italics) il pronome complemento diretto. [Direct object pronouns, p. 192]

> Carlo capisce *la chimica*.   *Carlo la capisce.*

1. Roberto prende *il tè freddo*.   _____

2. Noi prendiamo *l'aranciata*.   _____

3. Io leggo *le lezioni*.   _____

4. Mia sorella pulisce *la sua stanza (room)*.   _____

5. Noi spediamo *la lettera* ai nonni.   _____

6. Gli studenti scrivono *le parole* alla lavagna.   _____

7. I ragazzi ascoltano *i dischi*.   _____

8. Vediamo spesso (often) *i film italiani*.   _____

K. Rispondere alle seguenti domande con frasi complete, usando i pronomi complemento diretto. Le risposte possono essere affermative o negative. [Direct object pronouns, p. 192]

1. Lei studia matematica?   _____

2. Ascolta i dischi?   _____

3. Aiuta sua madre a casa?   _____

4. Guarda la televisione?   _____

5. Chiama i suoi amici?   _____

6. Compra le riviste italiane?   _____

L. Rispondere alle seguenti domande, usando i pronomi complemento diretto nelle risposte. [Direct object pronouns, p. 192]

> Elena, chiami tua zia?   *Sì, la chiamo.*

1. Mario, ci inviti al cinema?   _____

2. Signora Pinelli, mi chiama domani, per favore?   _____

3. Sergio, inviti anche il mio amico Paolo?   _____

4. Professor Velotti, chiama i miei genitori?   _____

5. Signor Massimi, guida la Ferrari?   _____

6. Ragazzi, mi aspettate, per favore?   _____

7. Tommaso, mangi i fagiolini a cena?   _____

M. Dire che le seguenti persone vengono all'università questo pomeriggio per fare queste cose. Usare i pronomi complemento diretto nelle frasi. *[Direct object pronouns, p. 192]*

> noi / comprare il dizionario   *Noi veniamo a comprarlo.*

1. voi / vedere quel film   _____

2. tu / leggere le riviste italiane   _____

3. io / incontrare gli amici   _____

4. Luisa / aspettare suo cugino   _____

5. Mario / cercare sua sorella   _____

6. Ugo / prendere i suoi libri   _____

N. Rispondere alle seguenti domande con frasi complete, usando i pronomi complemento diretto. Le risposte possono essere affermative o negative. *[Agreement of past participles, p. 196]*

> Lucia, ti ha chiamato Marco?   *Sì, mi ha chiamato. (No, non mi ha chiamato.)*

1. Papà, ti ha visto l'ingegner Carlini?

   _____

2. Bambini, vi hanno invitato a mangiare il gelato?

   _____

3. Ragazzi, ci avete ascoltato?

   _____

4. Massimo, mi hai capito?

   _____

5. Signor Baldini, ci ha visto domenica a Campo Imperatore?

   _____

6. Signor Scotti, li hanno chiamati da Milano?

   _____

O. Il padre chiede a Piero se ha fatto le seguenti cose. Piero risponde nell'affermativo o nel negativo. *[Agreement of past participles, p. 196]*

> Hai preparato le lezioni? (sì)   *Sì, le ho preparate.*
> Hai guardato la televisione? (no)   *No, non l'ho guardata.*

1. Hai aiutato tua madre? (sì)   _____

2. Hai fatto le spese oggi? (no)   _____

3. Hai studiato i verbi? (sì) _____

4. Hai finito il lavoro di ieri? (sì) _____

5. Hai letto il libro di storia? (no) _____

6. Hai invitato i cugini per sabato? (sì) _____

IV. Componimento

P. Descriva la sua famiglia ed i suoi parenti in un brano di circa 100 parole. Cosa fanno? Come sono?

_____

_____

_____

_____

_____

_____

_____

_____

_____

_____

Q. Stefano chiede a sua sorella di accompagnarlo all'università. Alessandra trova molte scuse *(excuses)* per non accompagnare suo fratello. Scrivere un dialogo di 10 frasi, usando i pronomi complemento diretto.

_____

_____

_____

_____

_____

_____

_____

_____

_____

_____

Lezione 9ª   Ti scrivo da Perugia.

I.   Comprensione

A. Trascrivere correttamente queste frasi per scrivere una lettera completa di senso compiuto. *Note:* // connotes end of sentence.

Caro Sergio,

qui / da una settimana / siamo / a Roma / io ed Elena // abbiamo già visto / e / c'è / a Roma / e vari monumenti / molto da vedere / due musei //

è svenuta / visitavamo / ieri / le catacombe / Elena / mentre // una vera confusione / si / allora / è creata // fra i turisti / si è sentita / un medico / per fortuna / c'era / subito bene / ed Elena //

avevamo / andare / ieri sera / intenzione di / in un ristorante famoso / a mangiare / che / vecchio / un quartiere / a Trastevere / è / di Roma / e pittoresco //

quando / a catinelle *(cats and dogs)* / ma / stavamo per uscire / pioveva // abbiamo deciso / in albergo / così / a letto / presto / di mangiare / e di andare //

come stai? / lì da te? / e tu / fa bel tempo // fa / c'è / tutti i giorni / qui / bel tempo; / a Roma / c'è / e fa caldo / sempre / il sole //

Basta così per ora. Fino alla prossima volta.

Un abbraccio.

Dora

_____
_____
_____
_____
_____
_____
_____
_____
_____

B. Abbinare parole e frasi che hanno un rapporto fra di loro. C'è un elemento in più nella seconda colonna.

1. ____ la lettera
2. ____ la pittura
3. ____ l'estate
4. ____ la spiaggia
5. ____ la stagione
6. ____ ora
7. ____ fa cattivo tempo
8. ____ il grado

a. nevica
b. l'autunno
c. adesso
d. scrivere
e. fa caldo
f. la temperatura
g. al mare
h. parecchi
i. il museo

C. Abbinare le parole o frasi di significato contrario. C'è un elemento in più nella seconda colonna.

1. ____ sempre
2. ____ freddo
3. ____ antico
4. ____ raramente
5. ____ cattivo tempo
6. ____ dimenticare

a. moderno
b. bel tempo
c. ricordare
d. caldo
e. che tempo fa?
f. mai
g. spesso

II. *Ampliamento del vocabolario*

D. Scriva due espressioni di tempo che lei associa con ciascuna delle quattro stagioni dell'anno.

1. la primavera: a. _____

                   b. _____

2. l'estate: a. _____

                   b. _____

3. l'autunno: a. _____

                   b. _____

4. l'inverno: a. _____

                   b. _____

E. Descrivere le seguenti scene di due diverse stagioni, usando tre frasi complete per ciascuna di esse.

_____   _____

_____   _____

_____   _____

F. Indichi quante volte o quando lei fa le seguenti cose. Scriva vicino a ciascuna frase un'espressione di tempo appropriata.

1. Vado al mare_____

2. Mi alzo tardi _____

3. Vado a teatro con i miei genitori _____

4. Vado in montagna con gli amici _____

5. Guido la macchina di mio padre_____

6. Guardo la televisione _____

7. Ascolto dischi di musica moderna_____

III. Struttura ed uso

G. Quando erano all'università, alcuni studenti avevano un lavoro mentre altri no. Dire chi lavorava e chi non lavorava.
[The imperfect tense, p. 212]

> Giacomo (no)   *Non aveva un lavoro. Non lavorava.*
> Mario (sì: farmacia)   *Aveva un lavoro. Lavorava in una farmacia.*

1. Claudio e Franco (sì: ospedale) _____

2. Vittoria (sì: ristorante)_____

3. Noi (sì: bar)_____

4. Voi (no) _____

5. Io (sì: biblioteca) _____

6. Tu (no) _____

H. Dica dove erano ieri lei ed i suoi amici e quello che facevano. Formulare due frasi di senso compiuto abbinando gli elementi di A e B, usando l'imperfetto di *essere* nella prima frase. *[The imperfect tense, p. 212]*

A	B
all'università	ballare
allo stadio	studiare
al concerto	ascoltare la musica
in biblioteca	prendere il treno
in campagna *(country)*	fare una passeggiata
ad una festa	scrivere lettere
alla stazione	guardare la partita
	parlare con gli amici
	leggere un libro

> *Pino era all'università. Studiava.*

1. Elena_____

2. Noi _____

3. Gianni e Piero_____

4. Voi _____

5. Io_____

6. Marianna _____

I. Scrivere quello che faceva Giulio mentre era in vacanza in campagna. Usare le espressioni *ogni giorno, di solito, spesso*, ed i seguenti verbi. *[The imperfect tense, p. 212]*

andare in città	giocare a pallone
fare molte passeggiate	divertirsi con gli amici
alzarsi presto *(early)* la mattina	prendere il caffè al bar del paese
mangiare in una pizzeria	

Quando era in campagna, Giulio_____

_____

_____

_____

_____

_____

J. Formulare frasi complete, usando le espressioni indicate. *[Negative expressions, p. 215]*

> io / essere stanco (non . . . ancora)   *Non sono ancora stanco.*

1. noi / parcheggiare in quella strada (non . . . mai)

    _____

2. Federico e Pasquale / studiare (non . . . più)

    _____

3. gli studenti / telefonare ai professori (non . . . affatto)

    _____

4. voi / andare in aereo (non . . . nemmeno)

    _____

5. lo zio di Antonio / avere cinquant'anni (non . . . ancora)

    _____

6. Teresa ed io / parlare con (non . . . nessuno)

    _____

7. io / andare a Perugia / a Bologna (non . . . né . . . né)

    _____

K. Rispondere ad ogni domanda nel negativo, usando *non* più una seconda parola negativa appropriata. *[Negative expressions, p. 215]*

> Capisci tutto?   *Non capisco niente.*

1. Chi vedi?   _____

2. Studi ancora l'italiano?   _____

3. Prendi spesso quel treno?   _____

4. Parli anche con Giovanni?   _____

5. Telefoni a Paola e ad Enrico?   _____

6. Hai una matita?   _____

7. Che cosa compri per me?   _____

8. Tuo fratello viene con noi?   _____

L. Dica che il suo amico Valerio va a sciare *(skiing)* con le seguenti persone, usando i pronomi personali di forma tonica.
[*Disjunctive pronouns, p. 218*]

> (Carla)   *Valerio va a sciare con lei.*

1. (Paolo e Marco) _____

2. (tu)   _____

3. (Maria e Pia)   _____

4. (Elena ed io)   _____

5. (io)   _____

6. (tu e Gianna)   _____

M. Completare ognuno dei seguenti dialoghi, usando i pronomi personali di forma tonica appropriati nelle risposte.
[*Disjunctive pronouns, p. 218*]

> Il suo amico: --Per chi è la lettera? per lei o per me?
> Lei: --È per *te.*
> Il suo amico: --Grazie, sei molto gentile.

1. La sua amica: --Per chi è la maglia? per Pietro?

   Lei: --Sì, è per _____ .

   La sua amica: --Quanto l'ha pagata?

2. Il suo amico: --Per chi sono queste valige? per loro o per voi?

   Lei: --Sono per _____ .

   Il suo amico: --E quando partite?

3. La sua amica: --Con chi vai al cinema? con me o con tua sorella?

   Lei: --Con _____ .

   La sua amica: --Bene, andiamo alle sette.

4. Il suo amico: --A chi dai i biglietti per la partita di domenica? a Maria o a noi?

   Lei: --A _____ .

   Il suo amico: --È fortunata!

5. La sua amica: --Di chi parla la professoressa? di noi o di voi?

   Lei: --Di _____ .

   La sua amica: --Perché? Non abbiamo fatto niente.

N. Giancarlo e Paolo sono in piazza e parlano delle persone e delle cose che vedono. Trascrivere quello che dicono, abbinando le due frasi con i pronomi relativi *che* o *cui*. [Relative pronouns **che** and **cui,** p. 220]

> Il bambino va in bicicletta. È il figlio di Patrizia.
> *Il bambino che va in bicicletta è il figlio di Patrizia.*

1. I giovani portano le maschere *(masks)*. Sono gli amici di Alessandro.

   _____

2. I ragazzi parlano con Valeria. I ragazzi sono francesi.

   _____

3. È il cinema nuovo. Sono stato lì giovedì scorso.

   _____

4. Quell'automobile è vicino alla stazione. È di Luciano.

   _____

5. Ho invitato quella ragazza. Sono andato a sciare *(skiing)* con lei domenica.

   _____

6. Chi è quell'uomo? È vicino alla finestra.

   _____

7. Quella signorina è la figlia di Roberto. L'abbiamo salutata.

   _____

8. I dischi sono sul tavolo. Sono di Clara.

   _____

O. Completare le seguenti frasi in modo originale. [Relative pronouns **che** and **cui,** p. 220]

> Mi piacciono le macchine *che costano molto.*

1. Vedo i programmi _____

2. Compro le maglie _____

3. Scrivo agli amici _____

4. Frequento le lezioni _____

5. Mi piace la moda_____

6. Ho visitato i musei _____

P. Lei è stato uno studente/una studentessa all'università di Perugia. Adesso è tornato/tornata a casa e scrive una lettera di circa 75 parole ad un amico/un'amica per descrivere tutto quello che faceva con i suoi amici ed altri studenti. Usi l'imperfetto dove possibile. La prima frase è già stata scritta.

Caro _____,

    Quando ero a Perugia, i miei amici ed io uscivamo spesso. Qualche volta . . .

_____

_____

_____

_____

_____

_____

_____

_____

_____

Lezione 10ª   Un matrimonio elegante

I.   Comprensione

A.   Leggere il seguente invito al matrimonio di una giovane coppia italiana e poi rispondere alle domande che seguono. Notare che le coppie italiane annunciano loro stesse *(themselves)* il loro matrimonio.

1. Come si chiama la sposa? E lo sposo? _____

2. Qual è la data del loro matrimonio? _____

3. A che ora si sposano? Dove? _____

4. Dove abita lo sposo? E la sposa?_____

    _____

5. Che cosa fanno gli sposi dopo la cerimonia? _____

6. Dove avrà luogo il rinfresco di matrimonio? _____

7. Che differenza c'è fra un annuncio di matrimonio di una coppia italiana e quello di una coppia americana?

    _____

    _____

B. Completare le seguenti frasi in maniera logica scegliendo l'espressione appropriata fra quelle date fra parentesi.

1. Ti è piaciuto _____ (lo spettacolo, prima di sapere, avere luogo)?

2. Il matrimonio dei miei amici Giovanni ed Adriana è stato _____

   (un ricevimento, un bel po', un avvenimento fantastico).

3. A Giuseppe non piacciono i rinfreschi eleganti, ma si diverte di più in feste

   _____ (classiche, marrone, casuali) .

4. Per andare al ricevimento di Giulio, mi sono messa i pantaloni di _____ (nero, velluto,

   insieme) e la camicetta di _____ (qualche, tipo, seta).

5. Non ti preoccupare; se nevica, sicuramente non mi metto _____

   (la borsa rosa, la borsa di velluto, i sandali marrone).

6. Quando va a qualche ricevimento, il mio amico Massimo non _____ (porta,

   scommette, balla) quasi mai. Preferisce raccontare storie agli amici o ascoltare _____

   (gli sposi, la musica, il film).

7. Mi dispiace, ma non posso proprio prestarti una camicetta di seta perché ho _____

   (nessuno, tutto, solo) questa che porto adesso.

8. La ragazza del mio amico Cristiano è _____ (un tipo

   carino e divertente, la musica classica, un complesso meraviglioso).

II.   *Ampliamento del vocabolario*

C.   Creare un dialogo appropriato di almeno dieci righe sui seguenti suggerimenti *(suggestions):*

Lei ha bisogno di comprare vari articoli di vestiario perché deve partire per due settimane di vacanze in Italia. Chieda alla commessa *(saleslady)* gli articoli di cui ha bisogno, la misura giusta ed il prezzo di ciascuno di essi. Alla fine chieda quanto deve *(owe)*, ringrazi la commessa per averla aiutata così gentilmente e poi paghi il conto alla cassiera.

_____

_____

_____

_____

_____

_____

_____

_____

D.   Quali colori associa lei con i seguenti oggetti o prodotti?

1. la mela	_____	6. il mare	_____
2. gli spinaci	_____	7. il cappuccino	_____
3. il latte	_____	8. il vino	_____
4. il sale	_____	9. la sua macchina	_____
5. la fragola	_____		

E. Le lettere delle parole e le parole di questo proverbio sono in disordine. Prima mettere in ordine le lettere e poi le parole per ricostruire un proverbio conosciuto.

   ech   ima   gimole   ritad

   —— —— —— —— ——   —— —— —— —— ——   —— —— ——   —— —— ——

III. Struttura ed uso

F. Completare la seguente lettura in maniera appropriata, usando i verbi indicati. *[Imperfect tense vs. present perfect, p. 235]*

giocavamo	erano	facevano
vedevo	eravamo	ci siamo divertiti
è partita	era	siamo stati
è andato	ho incontrato	abitavamo

Ieri _____ un mio vecchio amico. _____ dieci anni che non

_____ Vittorio. Quando _____ bambini _____

nello stesso palazzo (*building*). Lui _____ un ragazzo molto allegro ed energico. Spesso

_____ fra noi e qualche volta le nostre famiglie _____ gite

insieme. Un'estate _____ tutti al mare per quindici giorni e _____

molto. Poi suo padre _____ a lavorare a Milano e tutta la famiglia

_____ con lui per il nord Italia.

G. Completare le seguenti frasi con il passato prossimo o con l'imperfetto di un verbo appropriato. Fare attenzione al tempo del verbo nella prima parte. *[Imperfect tense vs. present perfect, p. 235]*

> Ieri, mentre uscivo *ho incontrato Silvia.*
> Quando hai telefonato, *studiavo con Luigi.*

1. Laura dormiva quando _____

2. Sono arrivati mentre _____

3. Ho preso il treno perché _____

4. Il signor Monti entrava in casa quando _____

5. Siamo tornati mentre_____

H. Dire cosa faceva la prima persona quando la seconda è intervenuta *(interrupted)*. Usare la fantasia per spiegare *(explain)* la situazione. *[Imperfect tense vs. present perfect, p. 235]*

> io / dormire / tu / svegliare   *Io dormivo tranquillamente quando tu mi hai svegliato con la musica rock.*

1. Tonio / mangiare / Laura / chiamarlo

    _____

2. noi / uscire / tu e tuo fratello / arrivare

    _____

3. tu / ballare / io / cambiare la musica

    _____

4. Eugenio / sonare *(to play)* il pianoforte / Margherita / telefonare

    _____

5. Maria e Paola / provare *(to try on)* una giacca / io / fare / foto

    _____

6. io ed Anna / discutere / Pietro / entrare

    _____

I. Rispondere alle seguenti domande personali. *[Reflexive verbs with articles of clothing and parts of the body, p. 237]*

1. Cosa si mette quando piove?_____

2. Quando si lava le mani? _____

3. Per andare ad un ballo, cosa si mette?_____

4. Quando si lava i capelli?_____

5. Come si è vestito/a per il suo compleanno?_____

6. Quando si mette i guanti?_____

J. Le seguenti persone sono andate al matrimonio di Augusto e di Teresa. Dire cosa si sono messe. *[Reflexive verbs with articles of clothing, p. 237]*

> Carla / camicetta di seta   *Carla si è messa una camicetta di seta.*

1. Giacomo / pantaloni marrone

    _____

2. Teresa / vestito bianco

_____

3. Paola e Tina / calze blu

_____

4. io / guanti di pelle

_____

5. tu e Viola / gonna di velluto

_____

6. la madre di Teresa / vestito con le maniche lunghe

_____

K. Scriva frasi complete, dicendo che nella sua città c'è il seguente numero di cose o di persone. *[Irregular plural of some nouns and adjectives, p. 239]*

> dieci / liceo classico   *Ci sono dieci licei classici nella mia città.*

1. cinque / biblioteca pubblica_____

2. due / vecchia farmacia _____

3. molto / meccanico_____

4. sei / amico di mio padre _____

5. molto / signorina simpatica _____

6. poco / spiaggia lunga _____

L. Completare le frasi con i nomi e gli aggettivi in basso, facendo la concordanza e usando ciascuna parola una sola volta. *[Irregular plural of some nouns and adjectives, p. 239]*

lungo	giacca	antipatico	stanco
valigia	albergo	ricco	simpatico
energia	largo	bottega *(shop)*	fantastico
studente universitario			

Mio fratello lavora in un piccolo_____, con alcuni amici _____. Uno dei suoi amici è

_____, ha molta _____ e non è mai _____. È

_____! Mia sorella, invece, lavora in una _____ e le sue amiche

sono _____. Una sua amica Marta, è molto _____. Ha una macchina

_____ e _____. Viaggia spesso e porta sempre sei _____ per

mettere tutte le sue _____ di velluto. Beata *(lucky)* lei!

M. Completare le seguenti frasi con la forma corretta del verbo *conoscere* o *sapere*, secondo il significato. *[Sapere and conoscere, p. 242]*

1. Mio fratello non _____ guidare la macchina.

2. _____ sua sorella?

3. Quei bambini _____ giocare a pallone molto bene.

4. Quando Michele va in Francia non ha problemi perchè _____ molto bene il francese.

5. Io non _____ dove abita la mia professoressa d'italiano.

6. I suoi genitori _____ tutta la storia degli Stati Uniti.

7. Ragazzi, _____ come si chiama la capitale d'Italia?

8. Noi non _____ l'Olanda.

9. Mia sorella non _____ cucire.

10. La professoressa d'italiano _____ l'Italia.

N. Menzioni dalla lista cinque cose che lei (non) sa e cinque cose o persone che lei (non) conosce. *[Sapere and conoscere, p. 242]*

le risposte degli esercizi   la sua amica
un cantante famoso   Alessandro Tumanelli
la città di Roma   un posto speciale al mare
dove abita il professore d'inglese   cucinare la pasta
ballare   i nomi degli studenti di questa classe
il presidente degli Stati Uniti   cantare bene

1. Cose che lei sa:_____

_____

2. Cose che lei non sa: _____

_____

3. Cose o persone che lei conosce: _____

_____

4. Cose o persone che lei non conosce:_____

_____

O. Racconti quello che è successo il primo giorno di scuola di quest'anno. Dica quello che doveva fare, dove era, chi ha conosciuto, come si sentiva, cosa pensava, ecc. (75 parole)

_____

_____

_____

_____

_____

_____

_____

_____

_____

P. Scriva un brano di 75 parole sopra un ricevimento al quale *(which)* lei è stato/a invitato/a. Descriva brevemente le persone che ha conosciuto, cosa c'era da mangiare, da bere, se c'era musica, con chi ha parlato, ecc.

_____

_____

_____

_____

_____

_____

_____

_____

_____

_____

Lezione 11ª   Fine-settimana sulla neve

I.   Comprensione

A.   Leggere il dialogo, *Fine-settimana sulla neve*, (text p. 248) e poi abbinare le persone e le cose della colonna A con le spiegazioni o definizioni appropriate della colonna B. C'è un elemento in più nella colonna B.

A		B

1.   ___ Via Salaria

a.   ha il braccio slogato
b.   pensano di trovare un albergo a buon prezzo

2.   ___ Campo Imperatore

c.   è la macchina del fratello di Sandra
d.   è quello che deve comprare Sandra

3.   ___ il cognato di Graziella

e.   è l'amica di Graziella
f.   non piace molto alle due amiche.

4.   ___ il fratello di Sandra

g.   suggerisce di andare a sciare
h.   non vuole andare sulla neve questo fine settimana

5.   ___ la Fiat

i.   ha un miniappartamento vicino alle piste
j.   c'è un negozio dove gli sci sono a buon mercato

6.   ___ Sandra Pierini

k.   un luogo in Abruzzo dove molti vanno a sciare

7.   ___ un nuovo paio di sci

8.   ___ Graziella Di Santo

9.   ___ le due amiche

10.   ___ l'albergo dove hanno dormito l'ultima volta

B.   Scrivere nello spazio indicato una parola appropriata per ciascuna delle seguenti definizioni.

1.   verbo appropriato per una persona che non vuole spendere molti soldi: _____

2.   luogo dove le persone sciano: _____

3.   il periodo di tempo che include il sabato e la domenica: _____

4.   espressione che usiamo quando parliamo di due oggetti simili, come scarpe, sci, ecc: _____

5.   cosa deve coprire *(cover)* le piste per potere sciare: _____

6.   un aggettivo che usiamo per dire che qualcosa è molto buona: _____

7.   un luogo profondo e grande dove c'è molta acqua: _____

8.   una domanda che facciamo quando siamo curiosi di sapere qualcosa: _____

C. Lei non sta molto bene. Sotto ogni vignetta scriva come si sente.

1. _____

_____

2. _____

_____

3. _____

_____

4. _____

_____

D. Sotto ogni vignetta scrivere quello che fanno le seguenti persone e quali oggetti usano.

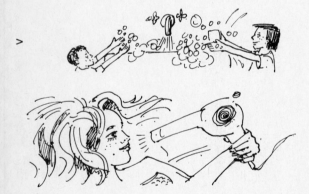

>

Due ragazzi si lavano le mani con il sapone.

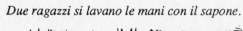

1. _____

_____

2. _____

_____

3. _____

_____

4. _____

_____

III. Struttura ed uso

E. Dica se lei fa o non fa le seguenti cose, usando i pronomi complemento indiretto appropriati. *[Indirect object pronouns, p. 255]*

> telefonare spesso / al suo amico   *Sì, gli telefono spesso.*
                                          No, non gli telefono spesso.

1. chiedere consigli *(advice)* / a sua madre _____

2. chiedere i soldi / ai suoi genitori _____

3. dare i soldi / ai suoi amici _____

4. prestare la macchina / a sua sorella_____

5. mandare regali *(gifts)* / ai suoi cugini_____

6. insegnare a sciare / a suo fratello _____

7. scrivere spesso / a sua zia _____

F. Rispondere alle seguenti domande, usando nelle risposte i pronomi complemento indiretto corrispondenti alle parole in corsivo. *[Indirect object pronouns, p. 255]*

> Hai telefonato *all'ingegnere?* (sì)   *Sì, gli ho telefonato.*
> Hai scritto *all'avvocato?* (no)   *No, non gli ho scritto.*

1. Hai offerto un aperitivo *ai signori Cristini?* (sì)

    _____

2. Hai mostrato le foto *alle amiche?* (sì)

    _____

3. Hai dato il tuo numero di telefono *al dottore?* (no)

    _____

4. Hai chiesto informazioni *agli impiegati?* (no)

    _____

5. Hai prestato i libri *ai tuoi cugini?* (sì)

    _____

6. Hai spedito la lettera *a tua zia?* (no)

    _____

G. Lei ed il suo amico Silvio sono andati a sciare. Mentre sciano, Silvio cade *(falls down)*. Descrivere la storia di questa scena, usando i verbi a pagina 257 del libro che prendono il complemento indiretto, e le espressioni con *fare*. *[Indirect object pronouns, p. 255]*

Stamattina, ho telefonato a Silvio e gli ho chiesto di fare una gita in montagna con me. Abbiamo fatto le valige e ...

_____

_____

_____

_____

_____

_____

H. Scrivere che alle seguenti persone piace fare alcune cose ma non altre. *[Constructions with **piacere**, p. 259]*

>   (mia sorella) cucinare / pulire la casa   *Le piace cucinare ma non le piace pulire la casa.*

1. (io) ascoltare i dischi / ballare

    _____

2. (tu) sciare / nuotare

    _____

3. (Mario) leggere le riviste / studiare

    _____

4. (noi) andare al cinema / guardare la televisione

    _____

5. (mia sorella) viaggiare / fare passeggiate

    _____

6. (tu e Lorena) parlare / ascoltare

    _____

I. Chiedere alle seguenti persone se sono piaciuti loro le cose o i luoghi indicati. *[Constructions with **piacere**, p. 259]*

>   Alberto / quella commedia   *Ti è piaciuta quella commedia?*

1. Paola e Luigi / la Spagna _____

2. professor Meli / quel film di Antonioni _____

3. Silvia / gli spaghetti alla carbonara_____

4. tu e Michele / le amiche di Elena _____

5. i signori Montesi / la Francia_____

J. Leggere le seguenti informazioni sulla famiglia Dentini. Poi formare frasi complete, spiegando cosa faranno durante le vacanze. Usare il futuro. *[The future tense, p. 262]*

    I signori Dentini partiranno per le vacanze la settimana prossima. Con loro andranno anche i loro figli, Fabio, Marina e Stefano, ed i genitori della signora Dentini.

1. Fabio e Stefano / giocare a pallone _____

2. la signora Dentini / fare molte passeggiate _____

3. il signor Dentini / andare in centro _____

4. i nonni / alzarsi presto *(early)* la mattina _____

5. la nonna / discutere di musica con i nipoti _____

6. la famiglia / divertirsi molto _____

K. Dire quello che farà oggi e quello che farà domani ciascuna delle persone indicate nella colonna A.   *[The future tense, p. 262]*

A	B	C
Giancarlo	studiare tutto il giorno	fare un viaggio
io	mangiare troppo	essere stanco *(tired)*
tu	lavorare molto	sentirsi male
noi	fare una gita	andare alla partita *(game)*
i miei amici	comprare i biglietti per il treno	stare a casa
Francesca	fare le spese	andare al cinema
		partire per Venezia

> (noi) *Oggi compreremo i biglietti per il treno. Domani faremo un viaggio.*

1. _____

2. _____

3. _____

4. _____

5. _____

6. _____

L. Lei scrive una lettera a sua cugina Laura per informarla del suo prossimo viaggio a Firenze. Usi la forma corretta del futuro dei verbi indicati. *[The future tense of irregular verbs, p. 264]*

avere	venire	bere	arrivare
andare	vedere	telefonare	essere

Cara Laura,

Mercoledì prossimo _____ a Firenze. Ti _____ appena

_____ alla stazione. Non _____ molto tempo libero,

ma ti _____ con piacere. _____ qualcosa insieme e poi

_____ all'università. _____ alla stazione verso le dieci di

mattina. Ciao.

M. Completare le seguenti frasi in modo originale, dicendo quello che faranno queste persone. Fare attenzione al tempo dei verbi. *[The future tense after **quando, appena,** and **se,** p. 266]*

> Se andremo a Roma, *visiteremo i Musei Vaticani.*

1. Quando Elena verrà all'università, _____

2. Appena torniamo a casa, mia sorella ed io_____

3. Se io e Carlo avremo tempo, _____

4. Se avete i soldi,_____

5. Appena arriverai a Campo Imperatore,_____

6. Quando vanno in Francia, i miei amici _____

7. Luigi andrà a Napoli appena _____

8. Alloggeremo *(We'll stay)* in quell'albergo quando_____

IV. Componimento

N. Descriva i suoi programmi per il futuro immediato, per i prossimi mesi, e per il prossimo anno. Dica se studierà o lavorerà, se viaggerà o se rimarrà dov'è adesso, se vivrà in un altro posto, ecc. Usi il futuro e scriva circa 75 parole.

_____

_____

_____

_____

_____

_____

_____

_____

_____

_____

O. Scriva una lista di tre cose che le piacciono e tre cose che non le piacciono, e spieghi perchè, in ogni frase.

> *Mi piace (piacciono) . . .*

1. _____

2. _____

3. _____

> *Non mi piace (piacciono) . . .*

1. _____

2. _____

3. _____

Lezione 12ª   Che partita è in programma?

I. Comprensione

A. Trascrivere correttamente queste frasi e poi numerarle per formare un brano di senso compiuto secondo il contenuto del dialogo, *Che partita è in programma?* (text p. 271).

1. Daniela / se / dovrà / alla partita / Luciano / il biglietto / gli / pagare / viene

   _____ No. ___

2. a / i soldi / Daniela / domenica / Pietro / di dargli / promette

   _____ No. ___

3. non / dei biglietti / i posti / ed / la vendita / allo stadio / sono / totale / è / riservati / prevista *(expected)*

   _____ No. ___

   _____

4. per / fanno / e Pietro / programmi / la partita / Daniela / a vedere / Roma-Napoli / andare

   _____ No. ___

   _____

5. affrettarsi / i / amici / biglietti / a comprare / due / i / devono

   _____ No. ___

6. perché / Daniela / è / se / biglietto / gli / e / il / Pietro / proprio / va / metà *(half)* per uno / fortunato / Luciano / pagano / alla partita

   _____ No. ___

   _____

7. una partita / Pietro / allo stadio / Daniela / ad andare / di calcio / a vedere / invita

   _____ No. ___

   _____

B. Completare le seguenti frasi segliendo la parola o espressione appropriata fra quelle suggerite fra parentesi.

1. Luca è un ragazzo molto _____ (pigro, sportivo, sgarbato); gioca sempre a tennis e va spesso a sciare.

2. Tu _____ (come al solito, volentieri, non lo so) non hai mai soldi in tasca.

3. _____ (Posso chiederglielo, Mi dispiace, Ti dispiace se) usciamo più tardi questo pomeriggio?

4. I giornali dicono che _____ (riservato, previsto, probabilmente) ci sarà la vendita totale dei biglietti.

5. Ho intenzione di finire di leggere questo libro _____ (un bel po', due giorni fa, al più presto).

6. Mi dispiace, ma non posso comprarti il biglietto perché non ho molto _____ (programma, denaro, tasca).

7. Ho _____ (un incontro, un posto, un debito) di centomila lire con Daniele e devo ripagarglielo al più presto.

II. *Ampliamento del vocabolario*

C. Scriva le parole o espressioni che lei associa con i seguenti sport, luoghi o persone.

1. la vela _____

2. la piscina _____

3. l'alpinismo _____

4. lo stadio _____

5. l'arbitro _____

6. il ciclismo _____

7. l'equitazione _____

8. la palestra _____

9. la partita _____

10. la squadra _____

D. Dare nomi propri ai personaggi che sono nei disegni e dire quali sport praticano.

1. _____

2. _____

3. _____

4. _____

5. _____

6. _____

7. _____

8. _____

E. Dare il nome da cui derivano i seguenti aggettivi, usando l'articolo determinativo appropriato. Poi dare il plurale dell'articolo e del nome.

1. problematico/a _____   _____

2. sistematico/a _____   _____

3. panoramico/a _____   _____

4. drammatico/a _____   _____

5. programmato/a _____   _____

6. poetico/a _____   _____

III. Struttura ed uso

F. Lei ed i suoi amici vanno in vacanza. Esprima quello che ognuno vuole fare per divertirsi, usando il verbo *volere* nel futuro. *[The future, imperfect, and present perfect of modal verbs, p. 277]*

> Luca / andare in bicicletta *Luca vorrà andare in bicicletta.*

1. Alessandra / andare a cavallo _____

2. noi / nuotare _____

3. tu / giocare a pallacanestro _____

4. io / giocare a pallavolo _____

5. le ragazze / fare una passeggiata _____

6. tu e Franco / giocare a pallone _____

G. Lei ed i suoi amici hanno collaborato ad un progetto scolastico. Scriva quello che ognuno *(each one)* doveva fare usando il verbo *dovere* nell'imperfetto. *[The future, imperfect, and present perfect of modal verbs, p. 277]*

> Tu *dovevi* andare in biblioteca.

1. Noi _____ rispondere a queste domande.

2. Daniela _____ leggere queste riviste.

3. Voi _____ studiare questo problema.

4. Carla e Marco _____ scrivere i risultati.

5. Io _____ parlare con ognuno nel gruppo.

6. Fabrizio _____ fare molte telefonate.

H. Gianni riferisce a Piero che lui ed alcune altre persone non possono fare un viaggio che era già in programma *(planned)*. Scrivere quello che dice Gianni, usando il verbo *potere* nel passato prossimo. *[The future, imperfect, and present perfect of modal verbs, p. 277]*

> (mio fratello)   *Mio fratello non è potuto venire.*

1. (io) _____

2. (Graziella e Giuliana) _____

3. (noi) _____

4. (Alfredo) _____

5. (tu ed Alberto) _____

6. (loro) _____

I. Riscrivere le seguenti frasi, sostituendo ai sostantivi *(nouns)* in corsivo *(italics)* i pronomi complemento. *[Double object pronouns, p. 280]*

> Filippo presta *i suoi libri a Margherita.*   *Glieli presta.*

1. Presta *la sua macchina a suo cugino.* _____

2. Chiede *il numero di telefono ai suoi cugini.* _____

3. Dà *un passaggio alla sorella.* _____

4. Vende *la sua motocicletta a Carlo.* _____

5. Manda *i dischi ai suoi amici in Francia.* _____

6. Mostra *le foto ad Anna.* _____

J. È gentile il suo amico/la sua amica? Rispondere alle seguenti domande. *[Double object pronouns, p. 280]*

> Le presta la macchina?   *Sì, me la presta. (No, non me la presta.)*

1. Le presta il registratore? _____

2. Le presenta i suoi amici? _____

3. Le dà buoni consigli *(advice)?* _____

4. Le chiede la sua opinione? _____

5. Le fa un regalo per il suo
   compleanno *(birthday)?* _____

6. Le compra i dolci? _____

K. Le persone della colonna A vogliono avere o fare certe cose. I loro amici indicati nella colonna C li aiutano ad ottenere quello che vogliono. Esprimere questo, usando gli elementi delle colonne A, B, C e D in frasi di senso compiuto. Studiare attentamente i due modelli. *[Double object pronouns, p. 280]*

A	B	C	D
io	volere leggere	i cugini di Aldo	dare
tu	volere usare	le sorelle di Gino	prestare
Stefano	volere vedere	i dischi di Tonio	mostrare
noi	volere ascoltare	la macchina di Caterina	presentare
voi	volere conoscere	le foto di Susanna	
		la rivista di Ada	

> *Stefano vuole vedere le foto di Susanna. Susanna gliele mostra.*
> *Noi vogliamo conoscere i cugini di Aldo. Aldo ce li presenta.*

1. _____

_____

2. _____

_____

3. _____

_____

4. _____

_____

5. _____

_____

L. Mariella insiste che vuole fare certe cose. Trascrivere le seguenti frasi, sostituendo alle parole in corsivo i pronomi complemento diretto o indiretto. *[Object pronouns with double verb constructions, p. 281]*

> Voglio ascoltare *i dischi.*   *Voglio ascoltarli. (Li voglio ascoltare.)*

1. Posso comprare *la macchina di Gregorio.* _____

2. Devo mandare gli sci *ad Elena e Lucia.* _____

3. Non voglio guardare *la partita.* _____

4. Devo preparare *la colazione* immediatamente. _____

5. Devo bere *il latte* subito. _____

6. Posso incontrare *Maria e Sandra.* _____

7. Devo telefonare *a Carlo.* _____

M. Lei non è d'accordo con le seguenti frasi. Usi il futuro di probabilità nelle risposte. *[The future of conjecture or probability, p. 284]*

> Sono le otto.   No, *saranno le otto e mezzo.*

1. Adesso i ragazzi giocano a pallone.   No, _____ a pallacanestro.

2. Linda è a casa.   No, _____ al cinema.

3. Aldo va in banca.   No, _____ all'ufficio postale.

4. I suoi amici hanno poco da fare.   No, _____ molto da fare.

5. Angela torna domani mattina.   No, _____ domani sera.

6. Papà fa colazione *(has breakfast)* alle otto.   No, _____ alle sette e mezzo.

N. Formulare domande per le seguenti risposte. *[The future of conjecture or probability, p. 284]*

> Sarà Gino.   *Chi è alla porta?*

1. Saranno le tredici.   _____

2. Sarà il professor Masiardi.   _____

3. Andranno a Campo Imperatore.   _____

4. Sarà in Abruzzo.   _____

5. Comprerò un paio di sci.   _____

6. Ti chiamerò verso le sette.   _____

7. Saranno i guanti di Lisa. _____

8. Le vedremo a casa di suo zio. _____

IV. Componimento

O. Scriva un brano di 75 parole sugli sport che lei pratica o vede come spettatore o spettatrice in uno stadio o alla televisione. Dica quello che le piace di più, quello che non le piace e perché.

_____

_____

_____

_____

_____

_____

P. Riscrivere il dialogo *Che partita è in programma?* in forma narrativa. Usare dove possibile, i verbi modali e due pronomi di complemento usati insieme.

_____

_____

_____

_____

_____

_____

_____

_____

_____

_____

Lezione 13ª   Cento di questi giorni

I. Comprensione

A. Completare le seguenti frasi basate sul dialogo, *Cento di questi giorni!* (text p. 293), con parole o frasi appropriate.

1. Alcuni amici _____ a casa di Giuliana Giannelli.

2. I giovani festeggiano _____ di Giulio che compie _____ .

3. Luciana ha cucinato _____ con l'aiuto di Marisa.

4. Paola Bentivoglio è di _____ ed è _____ di Franco De Mita.

5. Sul tavolo c'è molta scelta; ci sono panini _____ , _____ al

    tonno, olive e _____ .

6. Secondo Luciana, Franco è _____ italiano.

7. Paola afferma che le donne hanno successo anche _____ .

8. Per festeggiare il compleanno di Giulio, ci sono anche _____ e lo spumante.

9. Tutti gli amici fanno un bel brindisi *(a nice toast)* a Giulio e dicono: "Tanti _____ ,

    buon _____ , e cento _____ ."

Ricetta: Spaghetti alla carbonara (Dose per 4 persone)

Ingredienti:

450 grammi° di spaghetti	1 tazzina° di panna°	grams (metric weight) /
50 grammi di pancetta°	parmigiano grattugiato°	small cup / cream
2 uova	un pizzico° di pepe	bacon / grated parmesan cheese
50 grammi di burro	un pizzico di sale	pinch
2 cucchiai° di olio		tablespoons

Fate cuocere gli spaghetti in acqua salata in ebollizione°. Intanto
soffriggete° nell'olio la pancetta tagliata a pezzetti°. Sbattete° le due
uova con il parmigiano, la panna, il pepe ed un pizzico di sale. In
una grossa teglia° fate imbiondire° il burro e poi versatevi° le uova
battute°. Non appena° le uova si sono un po' rapprese°, versate gli
spaghetti bollenti° ed il soffritto di pancetta°. Mescoltate° il tutto e
servite immediatamente.

boiling
sauté / cut in small pieces / Beat

pan / melt / pour
beaten / As soon as / "set"
hot / sautéed bacon / Mix

B. Formulare frasi di senso compiuto abbinando gli elementi della colonna A con quelli della colonna B. Poi scriverle sotto l'illustrazione appropriata.

A

1. Ornella telefona ai suoi amici
2. Vittorio ha cucinato
3. Enrico scrive ad una sua amica
4. C'è una bella torta
5. Pino è in cucina
6. Un gruppo di amici

B

a. sul tavolo della cucina.
b. fa gli auguri a Marta.
c. per il suo compleanno.
d. perché vuole organizzare una festa a casa sua.
e. ed aiuta la madre a cucinare.
f. un grande piatto di spaghetti alla carbonara.

1. _____

_____

_____

2. _____

_____

_____

3. _____

_____

_____

4. _____

_____

_____

5. _____

_____

_____

6. _____

_____

_____

II.   Ampliamento del vocabolario

C.   Faccia una lista di tre cose che generalmente mangia o beve a colazione, a pranzo ed a cena.

a colazione: _____   _____   _____

a pranzo: _____   _____   _____

a cena: _____   _____   _____

D.   Faccia una lista di quattro cose di cui ha bisogno per apparecchiare un posto a tavola.

1. _____   3. _____

2. _____   4. _____

E.   Immagini di essere con due amici in un ristorante elegante. Lei deve decidere anche quello che mangerà ciascuno dei suoi amici. Prepari tre liste diverse scegliendo i piatti dal menu riportato.

Antipasto Lanterna	Arrosto misto *(mixed):*
Risotto *(Rice)* allo champagne	Agnello al forno *(baked)*
Raviolini al salmone	Arrosto di maiale
Fettuccine al burro	Patatine al forno
	Melanzane *(eggplant)* grill
	Insalata mista
Cosciotto *(Leg)* di vitello Lanterna	
Funghi trifolati *(sliced and sautéed with*	Gelato
oil and garlic)	
Piselli *(Peas)* al prosciutto	Torta
Mais *(Corn)* al burro	Bevande gassate
	Caffè

Quello che mangia:

lei   uno dei suoi amici   l'altro amico

_____   _____   _____

_____   _____   _____

_____   _____   _____

_____   _____   _____

_____   _____   _____

F. Indicare quali sono due o tre cibi che associamo con i seguenti rivenditori o negozi.

1. la salumeria   _____   _____   _____

2. il macellaio   _____   _____   _____

3. il pescivendolo   _____   _____   _____

4. il droghiere   _____   _____   _____

5. il fruttivendolo   _____   _____   _____

III. *Struttura ed uso*

G. Chiedere alle persone indicate se vorrebbero fare le seguenti attività. *[The conditional tense, p. 300]*

> signor Dini: sedersi qui o là   *Signor Dini, vorrebbe sedersi qui o là?*

1. Carlo: preparare l'insalata *(salad)* o l'antipasto

   _____

2. tu e Marisa: stare in casa o uscire

   _____

3. la signora Martelli: bere lo spumante o il vino

   _____

4. Gina e Laura: aiutare la mamma o lavare i piatti

   _____

5. i signori Capuano: cucinare o preparare la tavola

   _____

6. tu ed io: comprare il merluzzo o il tonno

   _____

H. Ripeta quello che Paolo dice a Marco. *[The conditional tense, p. 301]*

> abitare in un piccolo appartamento a Venezia Paolo: *Abiterei in un piccolo appartamento a Venezia.*
> Lei: *Paolo dice che abiterebbe in un piccolo appartamento a Venezia.*

1. lavorare in un ospedale vicino casa

   Paolo: _____

   Lei: _____

2. fare un viaggio in Europa

   Paolo: _____

   Lei: _____

3. organizzare una festa

   Paolo: _____

   Lei: _____

4. mandare un regalo *(gift)* a Rossana

   Paolo: _____

   Lei: _____

5. imparare il russo

   Paolo: _____

   Lei: _____

6. uscire volentieri con Daniela

   Paolo: _____

   Lei: _____

7. prendere una birra

   Paolo: _____

   Lei: _____

I. Dica se lei farebbe le seguenti cose se fosse *(if you were)* in vacanza. *[The conditional tense, p. 300]*

> lavorare?   *Sì, lavorerei. (No, non lavorerei.)*

1. studiare tutti i giorni?   _____

2. giocare a tennis?   _____

3. dormire di più?   _____

4. andare in piscina?   _____

5. fare molte passeggiate?   _____

6. uscire spesso?   _____

7. vedere gli amici?   _____

8. leggere un libro italiano?   _____

9. essere contento/a?   _____

J. Dica che lei ed i suoi amici non farebbero mai certe cose. *[The conditional tense, p. 300]*

> noi / andare a sciare   *Noi non andremmo mai a sciare.*

1. tu / fare una festa ogni fine-settimana

   _____

2. io / vedere quel film

   _____

3. Lucia / alzarsi così presto

   _____

4. Lorena e Mario / andare ad una festa il lunedì

   _____

5. tu e Susanna / parcheggiare in quella strada

   _____

K. Rispondere alle seguenti domande personali, usando nelle risposte il condizionale dei verbi. *[The conditional tense, p. 300)*

1. Immagini di dovere andare dal macellaio questo pomeriggio per comprare qualche bistecca per la cena. Andrebbe con l'autobus o chiederebbe un passaggio ad un suo amico o ad una sua amica?

_____

_____

2. Vorrebbe fare un viaggio in Italia. Quali città andrebbe a visitare? Perché?

_____

_____

3. Immagini di avere ordinato un panino al prosciutto in un bar. Cosa berrebbe con il panino? Cosa berrebbe con un dolce?

_____

_____

4. Immagini di volere laurearsi in lingue straniere. Dove vorrebbe studiare? Perché?

_____

_____

L. Marcella domanda a suo fratello Luigi cosa fa. Assumere il ruolo di Marcella e scrivere le domande usando *quale, quanto, che cosa*, ecc. *[Interrogative adjectives and pronouns, pp. 304 and 306]*

Marcella: _____

Luigi: Leggo una lettera.

Marcella: _____

Luigi: Mi ha scritto Daniele.

Marcella: _____

Luigi: Dice che verrà a Napoli martedì prossimo.

Marcella: _____

Luigi: Ho comprato molti libri.

Marcella: _____

Luigi: È la mia giacca.

Marcella: _____

Luigi: I miei guanti sono neri.

M. Completare con aggettivi interrogativi o pronomi interrogativi. *[Interrogative adjectives and pronouns, pp. 304 and 306]*

> Con *chi* parlavi ieri?

1. _____ è la sua amica preferita?

2. _____ è la data del suo compleanno?

3. _____ bevande preferisce?

4. _____ macchina ha comprato lei ieri?

5. _____ giornale leggeva lei quando era giovane?

6. A _____ scriveva quando aveva quindici anni?

7. _____ specialità culinaria preparava lei in casa?

N. Leggere il seguente articolo. Poi scrivere cinque domande basate su di esso, usando aggettivi e pronomi interrogativi. *[Interrogative adjectives and pronouns, pp. 304 and 306]*

Torino-Bologna: 2-2

Ieri allo stadio Comunale, il Torino ed il Bologna hanno giocato una splendida partita. L'incontro è finito due a due di fronte a cinquantamila tifosi *(fans)*. In una bella giornata di primavera le due squadre hanno offerto uno spettacolo interessante per tutti i novanta minuti della partita. I tifosi erano contenti ed alla fine dell'incontro hanno applaudito tutti i giocatori.

1. _____

2. _____

3. _____

4. _____

5. _____

QUOTIDIANO SPORTIVO

O. Formulare frasi di senso compiuto, usando gli elementi delle colonne A (soggetto), B (verbo), e C (aggettivo). Cambiare in avverbi gli aggettivi della colonna C. *[Adverbs of manner, p. 308]*

A	B	C
Sandro e Michele	ascoltare	paziente
il professor Manci	entrare	immediato
mio fratello	studiare	continuo
io	telefonare	gentile
tu	rispondere	finale
io e Giulio	arrivare	timido
tu e Caterina	partire	inaspettato
		silenzioso
		facile

> *Tu telefoni continuamente.*

1. _____

2. _____

3. _____

4. _____

5. _____

6. _____

IV. *Componimento*

P. Descriva cosa farebbe se avesse *(if you had)* l'opportunità: dove farebbe gite, dove lavorerebbe, dove abiterebbe e perché, chi e quali luoghi andrebbe a visitare.

_____

_____

_____

_____

_____

_____

_____

_____

Q. Lei fa delle domande ad un amico/un'amica. Scriva le domande per le risposte in basso.

> --*Quali cibi preferisci?*
> --Preferisco la carne, il pesce, il pollo e la pastasciutta.

1. _____?

   --Ho scritto a Lorena ed a Marco.

2. _____?

   --È la giacca di Giulia.

3. _____?

   --Ho invitato dieci persone alla festa di sabato.

4. _____?

   --È il libro d'italiano.

5. _____?

   --Non ho fatto niente di bello ieri sera.

6. _____?

   --Questi sono i miei stivali.

7. _____?

   --Ho perso due cravatte.

8. _____?

   --Hanno tre figli.

Lezione 14ª   In cerca di un appartamento

I. Comprensione

A. Scegliere la risposta corretta secondo il dialogo, *In cerca di un appartamento* (text p. 314).

1. Michele Salvatore è a Bologna per _____.
   a. lavorare.
   b. incontrare i suoi genitori.
   c. studiare medicina.

2. Va ad alloggiare in un albergo di periferia perché a Bologna _____.
   a. non ci sono molti appartamenti liberi.
   b. non ci sono molti alberghi nel centro.
   c. lì conosce molta gente.

3. Il portiere dell'albergo è un uomo _____.
   a. tanto comprensivo quanto gentile.
   b. molto intelligente.
   c. molto sgarbato.

4. Mentre legge il giornale, il portiere trova _____.
   a. un'intervista interessante.
   b. due annunci.
   c. una foto di Michele.

5. Gli amici di Cagliari avevano detto a Michele che era _____.
   a. meglio abitare in un albergo del centro.
   b. facile trovare casa.
   c. difficile trovare un appartamento.

6. Uno degli annunci sul giornale parla di _____.
   a. un grande appartamento molto a buon mercato.
   b. un appartamento ammobiliato vicino all'università.
   c. un piccolo appartamento senza bagno.

7. Un giorno Michele ritorna in albergo stanco ma soddisfatto perché _____.
   a. ha ricevuto un bel voto *(grade)* agli esami.
   b. ha comprato il biglietto per tornare a Cagliari.
   c. ha finalmente trovato un appartamento.

8. Michele pensa di trasferirsi al nuovo appartamento _____.
   a. fra una settimana.
   b. fra due giorni.
   c. il prossimo mese.

B. Completare le seguenti frasi con una parola appropriata dalla lista in basso.

annunci   doccia   trasferirmi   quarto
ammobiliato   piano   appartamentino   riscaldamento
affittano   periferia

1. Non voglio abitare in una casa grande, preferisco un _____.

2. Angelica è scoraggiata perché non riesce a trovare un appartamento _____.

3. Mio nonno abita al _____ piano di questo palazzo.

4. Il loro professore di storia abita in una villa alla _____ della città.

5. A quale _____ abitate?

6. Preferisce avere un bagno con la _____.

7. Fa piuttosto freddo in questa casa perché il _____ non funziona molto bene.

8. Hai letto gli _____ sul giornale di domenica scorsa?

II. Ampliamento del vocabolario

C. Scrivere il nome delle stanze dove svolgiamo le seguenti azioni.

1. dove studiamo: _____

2. dove mangiamo: _____

3. dove dormiamo: _____

4. dove generalmente mettiamo la macchina: _____

5. dove riceviamo gli amici: _____

6. dove cuciniamo: _____

D. Identificare i mobili rappresentati in queste illustrazioni e poi dire in quali stanze di una casa possiamo trovarli.

 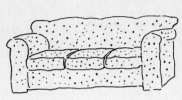 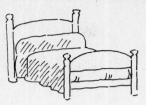 

1. _____ 2. _____ 3. _____ 4. _____

_____ _____ _____ _____

 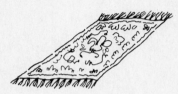

5. _____ 6. _____ 7. _____ 8. _____

_____ _____ _____ _____

E. Scrivere il nome degli elettrodomestici che usiamo per fare le seguenti cose.

1. mantenere *(keep)* i cibi al fresco: _____

2. pulire i tappeti e le tende: _____

3. lavare piatti, bicchieri, forchette: _____

4. lavare camicie, gonne, pantaloni, calzini: _____

5. asciugare gli indumenti personali: _____

III. Struttura ed uso

F. Maria Pia fa il paragone *(comparisons)* fra alcuni amici. Scrivere quello che dice, facendo tutte le concordanze necessarie. *[Comparisons of equality, p. 322]*

> Claudia / allegro / Tonio   *Claudia è tanto allegra quanto Tonio.* o
                                              Claudia è così allegra come Tonio.

1. Tina / cortese / Gino

_____

2. Giulia e Rossana / grasso / Laura

_____

3. Peppe / ricco / Michele

_____

4. Giampiero e Stefano / intelligente / Sara e Dora

_____

5. Susanna / simpatico / Gianni

_____

6. Lisa e Pina / dinamico / Franco

_____

G. Un amico/Un'amica commenta sulle differenze che nota fra alcune persone e cose. Lei reagisce *(react)* ad ogni commento o domanda dicendo che, secondo lei, le differenze non esistono. Usi *(tanto) quanto* o *(così) come.* *[Comparisons of equality, p. 322]*

> Luigi studia più di suo fratello Romano.   *No, Romano studia (tanto) quanto Luigi.*

1. Questa ragazza mangia più velocemente di noi!

_____

2. Alessandra pattina bene. Pattina meglio *(better)* di Luisa.

_____

3. Possono cercare un appartamento perchè hanno più tempo di noi.

_____

4. Questa stanza è più calda di quella, non è vero?

_____

5. È vero che Paola e Liliana frequentano più corsi di noi?

_____

H. Descriva se stesso/a *(yourself)*, usando gli aggettivi seguenti. Faccia attenzione alla forma del paragone. *[Comparisons of inequality, p. 324]*

> contento / ricco   *Sono più (meno) contento/a che ricco/a.*

1. alto / grasso   _____

2. energico / intelligente   _____

3. bello / elegante   _____

4. pigro / ambizioso   _____

5. simpatico / antipatico   _____

I. Paragonare le persone o le seguenti cose, usando *più* o *meno* secondo la propria *(your own)* opinione. Fare anche le concordanze necessarie. *[Comparisons of inequality, p. 324]*

> i vecchi / esperto / i giovani   *I vecchi sono più (meno) esperti dei giovani.*

1. le donne / indipendente / gli uomini

   _____

2. Roma / bello / New York

   _____

3. i film italiani / divertente / i film americani

   _____

4. le macchine americane / economico / macchine italiane

   _____

5. le lezioni d'italiano / complicato / le lezioni d'inglese

   _____

6. la cucina italiana / delizioso / la cucina francese

   _____

   _____

J. Lei ed un gruppo di amici sono in vacanza. Dica che cosa fa ognuno, usando il presente progressivo. *[The progressive tenses, p. 326]*

> io / ascoltare la radio   *Sto ascoltando la radio.*

1. Michele e Paolo / giocare a tennis _____

2. noi / leggere il giornale _____

3. tu / lavarsi i capelli _____

4. voi / scrivere delle lettere _____

5. Paola / fare una telefonata _____

6. Tina / dormire _____

K. Rispondere in modo originale alle domande seguenti, usando la forma progressiva dell'imperfetto nelle risposte. *[The progressive tenses, p. 326]*

> Cosa facevi ieri quando ho telefonato? Ascoltavi la radio?
> *Sì, stavo ascoltando un programma musicale.* (o) *No, stavo facendo i compiti.*

1. Preparavi la cena quando è arrivato tuo fratello?

   _____

2. Cosa facevi quando sono arrivati i tuoi genitori? Dormivi?

   _____

3. I tuoi amici parlavano con il portiere quando sei arrivato/a?

   _____

4. Cosa mangiavi quando ti ho telefonato oggi?

   _____

5. Con chi discutevi l'altro giorno in piazza?

   _____

6. Cosa stavi comprando quando ti ho visto nella farmacia?

   _____

L. Sulla base delle indicazioni date, formulare frasi usando il presente progressivo. *[The progressive tenses, p. 326]*

> Roberto è al cinema.   *Roberto sta guardando un bel film italiano.*

1. Carla è nella vasca da bagno *(bathtub)*.

   _____

2. La bambina è a letto ed ha gli occhi chiusi.

   _____

3. Silvana è davanti allo specchio ed ha un pettine in mano.

   _____

4. La signora De Carolis è in una salumeria.

   _____

5. Roberto e Costanza sono in una discoteca.

   _____

M. Rispondere liberamente alle domande seguenti, usando una forma del trapassato prossimo nelle risposte. *[The pluperfect tense, p. 329]*

> > Hai parlato con Gino quando l'hai visto al teatro?
> *No, gli avevo parlato martedì scorso.*
> *Sì, gli avevo detto che ho finito gli studi.*

1. Marco ha affittato l'appartamento vicino alla scuola?

    _____

2. Hanno deciso di organizzare la festa per domenica?

    _____

3. Hanno mandato un annuncio al giornale?

    _____

4. Maria si è fatta la doccia stamattina?

    _____

5. Perché volevi affittare un appartamento qui?

    _____

6. Avete visto il dramma di Pirandello sabato?

    _____

IV. Componimento

N. Narrativa. Cambiare la seconda scena del dialogo *In cerca di un appartamento* fra Michele ed il portiere in una narrativa di 75 parole. Usare il trapassato prossimo e il progressivo quando possibile.

_____

_____

_____

_____

_____

_____

_____

_____

_____

O. Dia una breve spiegazione che le permette di evitare *(avoid)* le seguenti situazioni difficili. Usi il progressivo o il trapassato prossimo e scriva 30 parole per brano.

1. Lei ha dimenticato il compleanno del suo migliore amico. Gli dia una buona spiegazione.

   _____

   _____

   _____

2. Oggi è sabato ed un'amica l'ha invitato/a al cinema, però lei non può andare. Le dica perché.

   _____

   _____

   _____

3. I suoi genitori le scrivono dicendo che sono preoccupati perchè sono tre settimane che lei non li va a visitare. Spieghi perché.

   _____

   _____

   _____

P. Leggere il seguente brano; poi dare in italiano le informazioni indicate.

Le specialità italiane di Natale e di Pasqua

Per rendere più liete e più dolci le feste di Natale° e di Pasqua°, la cucina italiana ha creato alcune specialità dolciarie prelibate°, molto famose anche all'estero°. A Natale al termine° del pranzo o della cena si gustano il torrone° ed il panettone°, che fanno ormai parte della tradizione natalizia. Il torrone si presenta in numerosissime varietà e le città di Cremona e l'Aquila sono famose per la sua produzione. La città di Milano è nota per la produzione del panettone mentre Siena è conosciuta per il panforte, dolce tipico del Natale toscano.

    In occasione della Pasqua, la tavola è invece ravvivata dalla colomba pasquale° e dall'uovo di Pasqua°.

    L'uovo di Pasqua è un dolce a forma di uovo con il guscio di cioccolato°. Può essere di varia grandezza e contiene internamente una sorpresa, a volte anche di un certo valore°. Per questo motivo è particolarmente apprezzato°, specialmente dai bambini.

Christmas / Easter	
excellent / abroad	
at the end / nougat	
candy / type of cake	
Easter cake in form of	
dove / Easter egg	
chocolate shell	
some value	
appreciated	

1. Two traditional Christmas specialties:_____

2. Two Italian cities famous for *torrone:* _____

3. City famous for *panettone:* _____

4. Name of a typical Sienese cake:_____

5. Two Easter specialties:_____

6. Reason Italian Easter eggs are special:_____

_____

Lezione 15ª   Perché suonano il clacson?

I.   Comprensione

A. Scegliere la risposta appropriata secondo il dialogo, *Perché suonano il clacson?* (text p. 336).

1. Quando hanno finito di fare le spese, Marisa e sua madre prendono l'autobus ___.
   a. per andare al centro della città
   b. perché la loro macchina non funziona
   c. per tornare a casa

2. L'autobus si ferma perché ___.
   a. al conducente fanno male i piedi
   b. rimane bloccato in un ingorgo automobilistico
   c. il conducente deve aggiustare i freni dell'autobus

3. La madre di Marisa è una signora ___.
   a. piuttosto nervosa ed impaziente
   b. calma e comprensiva
   c. ricca e sgarbata

4. Il conducente dell'autobus consiglia alla signora di ___.
   a. rimanere seduta
   b. telefonare al dottore di famiglia
   c. avere un po' di pazienza ed aspettare

5. Marisa e sua madre preferiscono non scendere dall'autobus perché ___.
   a. sono piuttosto lontane da casa
   b. preferiscono guardare il grande ingorgo automobilistico
   c. le porte dell'autobus sono bloccate e non si aprono

6. Un passeggero spiega che tutti gli automobilisti *(drivers)* romani perdono la pazienza se devono ___.
   a. lasciare la macchina per strada
   b. aspettare un po' quando si trovano in un ingorgo automobilistico
   c. aspettare l'autobus quando vanno a lavorare

7. La signora Graziani commenta che ___.
   a. Roma è una città molto bella e tranquilla
   b. i conducenti d'autobus sono poco gentili
   c. il traffico romano va di male in peggio

8. Un'altra signora seduta vicino alla signora Graziani le dice ___.
   a. di prendere la macchina per andare al centro
   b. di non andare mai a fare le spese nei negozi del centro
   c. di non preoccuparsi

9. Marisa suggerisce alla madre di ___.
   a. prendere un'aspirina
   b. dormire un po'
   c. scendere dall'autobus e di andare a piedi o di prendere la metropolitana

10. La madre di Marisa non vuole prendere la metropolitana perché ___.
   a. c'è sempre molta gente e lei non respira molto facilmente laggiù
   b. i passeggeri della metropolitana sono molto antipatici
   c. è lontana e le fanno male i piedi

B. Completare le seguenti frasi scegliendo la parola o espressione appropriata fra quelle suggerite fra parentesi.

1. Tutti i _____ (minuti, passeggeri, freni) hanno preferito scendere dall'autobus.

2. Il conducente ha risposto _____ (a buon mercato, durante, pazientemente) alle domande dei passeggeri.

3. La signora è diventata molto nervosa durante _____ (l'ingorgo, il mercato, lo spettacolo).

4. Nel centro c'è molto traffico perché c'è stato probabilmente _____ (una scena, un incidente, una partenza).

5. Suo fratello è sempre contento; è una persona _____ (stanchissima, sgarbata, ottimista).

6. _____ (All'ora di punta, Domani o dopodomani, Fra tre mesi) c'è sempre molto traffico in questa strada.

7. Mia nonna non prende mai la metropolitana perché dice che laggiù non può _____ (sonare, cantare, respirare).

8. Hai _____ (lasciato, bloccato, intasato) i libri in biblioteca?

9. In questa città ci sono macchine _____ (volentieri, dappertutto, lentamente).

10. I miei cugini arrivano _____ (fra poco, basta, a tempo parziale.)

II. *Ampliamento del vocabolario*

C. Scrivere quali sono:

1. due mezzi di trasporto che usiamo per andare al centro della città: _____

2. due mezzi di trasporto che usiamo sul mare: _____

3. un mezzo di trasporto che usiamo anche per fare esercizio fisico: _____

4. un mezzo di trasporto che i giovani italiani amano per spostarsi *(for going)* rapidamente da una parte all'altra della città: _____

5. un mezzo di trasporto veloce che usiamo per spostarci velocemente da Roma a Nuova York: _____

6. un mezzo di trasporto che usiamo per spostarci velocemente e comodamente dentro la città: _____

7. un mezzo di trasporto che porta grandi quantità di prodotti vari da una città all'altra: _____

D. Indicare che lavoro fanno le seguenti persone.

1. _____ 2. _____ 3. _____

4. _____ 5. _____ 6. _____

III. Struttura ed uso

E. Descrivere le seguenti persone. Formare frasi complete secondo i segni indicati. *[The superlative of adjectives, p. 344]*

> Luisa / + intelligente / la classe   *Luisa è la più intelligente della classe.*

1. Lorena / + alto / le cugine

_____

2. Marcello / - energico / i ragazzi di questa scuola

_____

3. Gino / + timido / i bambini di Carlo

_____

4. voi / - nervoso / tutti

_____

5. Luisa e Marcello / + ambizioso / gli studenti stranieri

_____

6. tu / + famoso / giornalisti americani

_____

F. Commentare sulle qualità delle seguenti persone. Usare il superlativo degli aggettivi. *[The superlative of adjectives, p. 344]*

> Questo meccanico è più economico di quello, non è vero?
> *Sì, è il meccanico più economico di tutti.* (o)
> *No, è il meno economico di tutti.*

1. Questo sarto è più caro degli altri, non è vero?

   _____

2. Questa scrittrice è più famosa delle altre, non ti pare *(don't you think)?*

   _____

3. Quest'operaio è più veloce degli altri, non ti sembra?

   _____

4. Questa dottoressa è meno brava delle altre, non è vero?

   _____

5. Questo studente è meno intelligente degli altri, non è vero?

   _____

G. Lei vuole commentare sulle seguenti affermazioni. Usi il superlativo degli aggettivi e i sostantivi indicati. *[The superlative of adjectives, p. 344]*

> Molte macchine sono veloci. (la Ferrari)
> *Sì, ma la Ferrari è la più veloce di tutte.*

1. I mezzi di trasporto a Roma sono comodi. (la metropolitana)

   _____

2. Ci sono molte grandi università in Italia. (l'università di Bologna)

   _____

3. Alcuni fiumi d'Italia sono importanti. (il Po)

   _____

4. Il traffico è caotico dappertutto. (il traffico di Roma)

   _____

5. Ci sono molte strade strette nella nostra città. (la mia strada)

   _____

6. Giorgio è un bravo pianista. (Michele)

   _____

H. Lei è appena tornato/a da un viaggio in Italia. Descriva le seguenti città ai suoi amici. Usi il superlativo assoluto degli aggettivi. *[The absolute superlative, p. 346]*

> Roma / antica   *Roma è una città antichissima.*

1. Firenze / bella   _____

2. Venezia / tranquilla   _____

3. Napoli / calda   _____

4. Milano / importante   _____

5. Perugia / interessante   _____

6. Torino / fredda   _____

I. Giuliana e Gaetano si conoscono ad una festa e notano che hanno gusti *(tastes)* simili. Assumere il ruolo di Giuliana che risponde a Gaetano, usando il superlativo assoluto. *[The absolute superlative, p. 346]*

> Il sidro *(cider)* è molto buono.   *Sì, è buonissimo.*

1. La gente è molto interessante.   _____

2. Le sedie sono molto comode.   _____

3. Questa festa è molto allegra.   _____

4. Questa ragazza è molto amichevole *(friendly)*.   _____

5. I dischi di Roberto sono molto vivaci.   _____

J. Completare le frasi con la forma appropriata delle parole fra parentesi. Usare il comparativo o superlativo irregolare. *[Irregular comparatives and superlatives, p. 349]*

1. Questi dolci sono _____ (cattivo) di quelli.

2. Chi è il _____ (grande) scrittore italiano?

3. Quali sono le _____ (buono) opere di Alberto Moravia?

4. Tuo cugino è _____ (grande) di mio fratello.

5. Teresa è la _____ (piccolo) delle sorelle.

6. Hanno preso la _____ (buono) soluzione.

K. Descrivere quale delle seguenti cose o persone è *migliore, peggiore, minore, maggiore*. Ricordare che si possono anche usare le forme regolari di *buono, cattivo, grande, piccolo*. [*Irregular comparatives and superlatives, p. 349*]

> mele rosse / mele verdi   *Le mele rosse sono migliori delle mele verdi.*
>   *Le mele rosse sono più buone delle mele verdi.*

1. film americani / film italiani

   _____

2. mia cugina / mio cugino

   _____

3. cinema / televisione

   _____

4. riviste / giornali

   _____

5. amici di Vittorio / amiche di Costanza

   _____

6. nonno / nonna

   _____

7. spaghetti / spinaci

   _____

8. caffè / tè

   _____

L. Maurizio fa alcune cose in una determinata maniera. Indicare che suo fratello fa le stesse cose in maniera esagerata. [*Irregular comparative of **bene, male, poco,** and **molto,** p. 351*]

> Maurizio gioca bene.   *Ma suo fratello gioca meglio di lui.*

1. Maurizio scrive poco.   _____

2. Maurizio parla molto.   _____

3. Maurizio legge bene.   _____

4. Maurizio risparmia molto.   _____

5. Maurizio scia male.   _____

IV. Componimento

M. Immagini di essere in una nuova casa o in un nuovo appartamento da una settimana. Lei scrive ad un suo amico o una sua amica e descrive la casa e il vicinato *(neighborhood)*. Faccia un paragone fra la nuova casa e quella vecchia, il nuovo vicinato e il vecchio. (75 parole)

_____

_____

_____

_____

_____

_____

_____

_____

_____

N. Narrativa. Cambi il dialogo *Perchè suonano il clacson?* ad una narrativa usando il comparativo e il superlativo dove possibile. (75 parole)

_____

_____

_____

_____

_____

_____

_____

_____

_____

_____

Lezione 16ª   Il telegiornale

I. Comprensione

A. Trascrivere correttamente queste frasi e poi numerarle per formare un brano di senso compiuto secondo le notizie del *Telegiornale* (text p. 356).

1. ma / lo stesso / non / il Santo / bene / partire / vorrebbe / si sente / l'Africa / Padre / molto / per

   _____ No. ___

   _____

2. il nuovo / la Francia / secondo / l'Irlanda / finanziari / programma / hanno / il Mezzogiorno / ricevuto / notevoli / e la Scozia / aiuti / economico / d'Italia

   _____ No. ___

   _____

3. di Milano / una grande / secondo / esplosione / notizia / duomo / c'è stata / un'ultima / vicino al

   _____ No. ___

   _____

4. le / i signori / ultime / ascoltano / Cristini / notizie

   _____ No. ___

5. nazionale / ci sarà / allo stadio / domenica / nazionale / la squadra / un incontro / e / la squadra / tra / inglese / italiana / San Siro / di Milano

   _____ No. ___

   _____

6. anche / del prezzo / l'annunciatore / della / parla / benzina

   _____ No. ___

   _____

7. maggiori / delle ultime / primavera-estate / delle / c'è stata / creazioni / a Palazzo Pitti / case / la presentazione / di moda

   _____ No. ___

   _____

B. Scrivere vicino a ciascuna definizione data la parola o l'espressione corretta.

1. il paese degli inglesi: _____

2. il capo *(head)* spirituale della chiesa cattolica romana: _____

3. il programma televisivo dedicato alle notizie: _____

4. quello che vuole fare la persona che è stanca: _____

5. ditte *(firms)* che annualmente presentano nuovi vestiti:_____

6. occasione elegante in cui vengono presentati nuovi vestiti: _____

7. un famoso palazzo di Firenze:_____

8. la chiesa principale di una città: _____

9. la persona che presenta il telegiornale: _____

II. *Ampliamento del vocabolario*

C. Scrivere il nome del paese o della città corrispondente a ciascuno dei seguenti aggettivi. Usare l'articolo determinativo dove è necessario.

1. parigino/a _____   5. portoghese _____

2. tedesco/a _____   6. austriaco/a _____

3. greco/a _____   7. madrileno/a _____

4. londinese _____

D. Completare le seguenti frasi scegliendo la parola appropriata fra quelle tra parentesi.

1. A molti bambini piacciono _____ (gli ascoltatori, i videogiochi, il volume).

2. Molta gente preferisce guardare _____ (il canale televisivo, l'indice di gradimento, la televisione a colori).

3. Vuoi _____ (accendere, seguire, trovare) la televisione?

4. La persona che guarda la televisione si chiama _____ (telespettatore, televisivo, telefonico).

5. ABC, NBC e CBS sono tre grandi _____ (squadre sportive, organizzazioni di beneficenza, reti televisive) americane.

6. Dopo il telegiornale delle ventitré _____ (accendo, spengo, vendo) il televisore e vado a letto.

7. Per accendere questa radio devi _____ (premere questo pulsante, cambiare canale, alzare il volume).

8. Il programma che trasmette notizie alla radio si chiama _____ (la trasmissione, il giornale radio, in diretta).

III. Struttura ed uso

E. Anita e la madre non sono d'accordo su varie cose. Assumere il ruolo della madre, incominciando ogni frase con *Preferisco che tu.* *[The present subjunctive with verbs of desire and will, p. 364]*

> Anita: Voglio uscire.   Madre: *Preferisco che tu non esca.*

1. Voglio invitare i miei amici.   _____

2. Voglio passare le vacanze a Roma.   _____

3. Voglio essere libera ed indipendente. _____

4. Voglio andare a Porta Portese.   _____

5. Voglio organizzare una festa.   _____

6. Voglio guidare la macchina di papà.   _____

F. I signori Pesenti partono per un viaggio in montagna. Scrivere che sperano di fare una buona vacanza. *[The present subjunctive with verbs of hope, p. 364]*

> non fare freddo   *Sperano che non faccia freddo.*

1. non esserci traffico sull'autostrada

    _____

2. l'albergo essere comodo

    _____

3. esserci molti buoni ristoranti

    _____

4. gli amici andare con loro

    _____

5. i bambini divertirsi

    _____

6. l'albergo avere una bella piscina

    _____

G. Spiegare cosa desiderano le persone della colonna A usando gli elementi delle colonne A, B, C, e D. Le frasi possono essere nell'affermativo o nel negativo. Scrivere frasi di senso compiuto. *[The present subjunctive with verbs of desire, will, and hope, p. 364]*

A	B	C	D
il dottore	desiderare	io	trovare un lavoro
il professore	volere	tu	cercare una soluzione
mio fratello/mia sorella	preferire	noi	mettersi a letto
l'annunciatore	sperare	voi	pagare il conto
i miei genitori	suggerire	gli studenti	venire a lezione
io		i miei genitori	ascoltare le notizie
		i giovani	interessarsi alla moda
			fare un viaggio

> *Il dottore vuole che tu ti metta a letto.*

1. _____

2. _____

3. _____

4. _____

5. _____

6. _____

H. Scrivere se è probabile o no che lei faccia le seguenti cose domani. *[The subjunctive with impersonal expressions, p. 370]*

> lavorare fino alle sette   *È probabile che io lavori fino alle sette.*
>   *Non è probabile che io lavori fino alle sette.*

1. andare al cinema

_____

2. uscire tardi dal lavoro

_____

3. recarsi *(to go)* in città

_____

4. partire per l'Italia

_____

5. leggere un libro

_____

6. visitare i miei cugini

_____

I. Trascrivere le seguenti frasi aggiungendo le espressioni indicate. Cambiare i verbi al presente congiuntivo se necessario. *[The present subjunctive, pp. 364 and 370]*

> Marta parte alle tre. Speriamo *che Marta parta alle tre.*

1. Il papa arriva nel pomeriggio.

   È meglio che_____

2. Molti Italiani guardano questo telegiornale.

   È bene che_____

3. La squadra nazionale non è fortunata.

   È vero che _____

4. Noi partecipiamo al dibattito *(discussion)*.

   È importante che_____

5. Le case di moda presentano le ultime creazioni.

   È necessario che _____

6. Fate il vostro lavoro con attenzione.

   È giusto che _____

J. Le seguenti persone fanno una festa ed ognuno porta qualcosa. Completare le frasi con la forma corretta del partitivo. *[The partitive di, p. 372]*

> Noi portiamo *dei* dischi italiani.

1. Giuseppe porta _____ sedie.

2. Michele porta _____ caffè.

3. Le ragazze portano _____ forchette e _____ cucchiai.

4. Io porto _____ piatti.

5. Maurizio porta _____ frutta.

6. Pierluigi e tu portate _____ bicchieri.

K. Dire quello che ognuno ha comprato al mercato. Completare le frasi con la forma corretta del partitivo. *[The partitive di, p. 372]*

1. Roberto ha comprato _____ pane, _____ carne, e _____ spinaci.

2. Rossana ha comprato _____ acqua minerale e _____ caffè.

3. Mia madre ha comprato _____ olio e _____ zucchero.

4. La signora Benelli ha comprato _____ mele, _____ pesche, _____ pomodori, e _____ pere.

5. Tu hai comprato _____ dolci, _____ tè, e _____ latte.

IV. Componimento

L. Raccontare in circa 50 parole l'ultima notizia che lei ha sentito al telegiornale o alla radio o ha letto sul giornale. Dica di che cosa parla la notizia, cosa è successo, quando è successo, e dove.

_____

_____

_____

_____

_____

M. Scriva la sua opinione su ognuno dei seguenti soggetti *(topics)* con due o tre frasi. Usi il congiuntivo in ogni paragrafo.

1. Il traffico di oggi
2. Il terrorismo
3. Lo sport o la moda

1. _____

_____

_____

2. _____

_____

_____

3. _____

_____

_____

Lezione 17ª   Musica leggera o musica classica?

I.   Comprensione

A. Creare un dialogo di senso compiuto fra Mariella, Giuliana e Carlo, assegnando *(allotting)* a ciascun personaggio le seguenti frasi secondo il contenuto del dialogo, *Musica leggera o musica classica?* (text p. 380).

--Ma di questi complessi di musica leggera e di cantanti famosi di tutto il mondo non vi importa niente?
--Ma sì, sono molto carini e simpatici. Ma un po' di musica classica non ti farà proprio male dopotutto *(after all)*.
--Perché non andiamo a vedere l'Aida a Caracalla?
--Questa volta facciamo quello che volete voi, però la prossima volta voi due verrete con me ad un concerto di musica leggera.
--Ma va! Sono sicura che vedere l'Aida nello scenario delle Terme di Caracalla ti piacerà molto.
--A me pure *(I too)* piacerebbe andare a Caracalla. Sono stata lì varie volte, ma non ho mai visto l'Aida.
--Benissimo! Sono proprio contenta che tu abbia deciso di venire.
--Ma che dici? Non ricordi che a me l'opera non piace affatto?
--Io invece preferirei andare al Palazzo dello Sport. Guardate che programma fantastico!

Giuliana: --_____

Carlo: --_____

_____

_____

Mariella: --_____

_____

Giuliana: --_____

_____

Carlo: --_____

_____

Mariella: --_____

_____

Carlo: --_____

_____

Giuliana: --_____

B. Completare le seguenti frasi con le parole degli oggetti o delle persone rappresentati in queste illustrazioni.

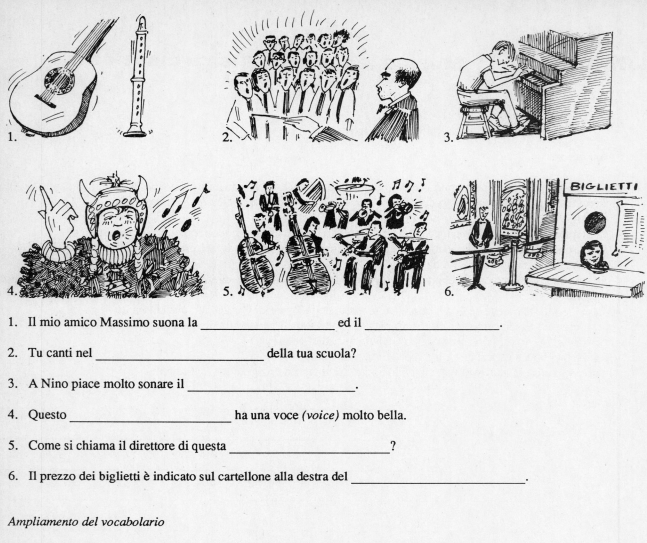

1. Il mio amico Massimo suona la _____ ed il _____.

2. Tu canti nel _____ della tua scuola?

3. A Nino piace molto sonare il _____.

4. Questo _____ ha una voce (voice) molto bella.

5. Come si chiama il direttore di questa _____?

6. Il prezzo dei biglietti è indicato sul cartellone alla destra del _____.

II. *Ampliamento del vocabolario*

C. Scriva il nome di tre strumenti musicali che le piacciono e di tre che non le piacciono.

	1	2	3
Mi piacciono	_____	_____	_____
Non mi piacciono	_____	_____	_____

D. Scrivere il contrario dei seguenti nomi, aggettivi e verbi usando i prefissi *in-*, *s-*, e *dis-*. Poi usare le nuove parole in frasi originali, ricordando che tutte le parole date sono analoghe a quelle inglesi.

in-

1. sufficiente _____

2. accessibile _____

3. completo _____

s-

1. connettere _____

2. considerato _____

3. personalizzare _____

dis-

1. ordine _____

2. intossicare _____

3. impegnato/a _____

E. Mettere il prefisso *ri-* davanti ai seguenti verbi e poi usarli in frasi originali.

1. ordinare _____

2. vedere _____

3. prendere _____

III. Struttura ed uso

F. Dica che lei è contento/a che occorrano le seguenti situazioni. *[The subjunctive with expressions of emotion, p. 388]*

> Michele ascolta un'opera.   *Sono contento che Michele ascolti un'opera.*

1. Giuliana va alle Terme di Caracalla sabato.

_____

2. È una serata magnifica.

_____

3. Marcella suona il pianoforte.

_____

4. Prenotate i biglietti questo pomeriggio.

_____

5. Mio fratello s'intende di musica classica.

_____

6. Conosci un tenore famoso.

_____

7. Una volta tanto Carlo guarda un bel programma.

_____

8. Danno un concerto al Palazzo dello Sport.

_____

G. Riscrivere le seguenti frasi aggiungendo le espressioni indicate. Cambiare i verbi al presente congiuntivo se necessario. *[The subjunctive with expressions of emotion, doubt, or belief, p. 388]*

> Giovanni va a vedere *l'Aida.*   Sono contento *che Giovanni vada a vedere l'Aida.*

1. Mariella non s'intende di musica classica.

Ho paura _____

2. Luisa va al teatro stasera.

Luisa è contenta _____

3. Loro finiscono di lavorare molto tardi.

Temo _____

4. Il Torino perde la partita contro il Bologna.

Dubito _____

5. Gina non può andare con noi domani.

Mi dispiace _____

6. Il traffico di Roma è caotico.

Non so se _____

7. Giancarlo parla spesso con Roberta.

Sono sorpreso _____

8. Paolo gioca bene a tennis.

Paolo pensa _____

H. Le seguenti persone fanno certe cose per aiutare altre persone. Spiegare questo secondo il modello. *[The subjunctive after conjunctions, p. 391]*

> (tu vai in vacanza)   Io ti presto dei soldi.
> *Io ti presto dei soldi perché (affinché) tu vada in vacanza.*

1. (io vado alla festa) Mia madre mi presta la sua camicetta.

_____

2. (voi comprate questo libro) Io vi do diecimila lire.

_____

3. (i loro figli possono frequentare l'università) I genitori lavorano.

_____

4. (tu capisci la domanda) Il professore ti spiega questa parola.

_____

5. (viene a prendermi all'aeroporto) Tu presti la macchina a Pietro.

_____

6. (puoi telefonare a tua madre) Ti do un gettone.

_____

I. Completare ogni frase con espressioni appropriate, usando la forma corretta del congiuntivo. *[The subjunctive after conjunctions, p. 391]*

1. Vado a Roma quest'estate sebbene_____

2. Finisco l'università a meno che_____

3. Guarderò quel programma purché _____

4. Non posso studiare benché _____

5. Cerco lavoro nonostante che_____

6. Porto l'ombrello nel caso che _____

J. Guido ed Antonella parlano di alcune persone. Cambiare quello che dicono al passato del congiuntivo. *[The present perfect subjunctive, p. 393]*

> È giusto che Mauro parli con lui.   *È giusto che Mauro abbia parlato con lui.*

1. Dubito che Pina lavori oggi.

   _____

2. Non credo che loro facciano un viaggio all'estero.

   _____

3. Mi dispiace che voi gli telefoniate.

   _____

4. Temo che non si prepari bene per l'intervista *(interview)* di domani.

   _____

5. È probabile che i suoi genitori arrivino questo pomeriggio.

   _____

   _____

6. È possibile che tu non capisca quello che ha detto Marco.

   _____

   _____

7. È bene che Carlo venga a mezzogiorno.

   _____

8. Sono sorpresa *(surprised)* che Laura parta così in fretta.

   _____

K. La signora Giliardi chiede al marito se ha comprato alcune cose. Scrivere le risposte del marito, sostituendo al partitivo il pronome *ne*. Fare attenzione alla concordanza del participio passato. *[The pronoun **ne**, p. 395]*

> Hai comprato del pane?   *Sì, ne ho comprato.*

1. Hai comprato del dolce?   Sì, _____

2. Hai comprato delle mele?   No,_____

3. Hai comprato dell'olio?   Sì, _____

4. Hai comprato della pasta?   Sì, _____

5. Hai comprato dei pomodori?   No,_____

L. Roberto chiede a Tina e Saverio se hanno fatto certe cose. Scrivere le loro risposte, usando il pronome *ne*. *[The pronoun **ne**, p. 395]*

> Quanti film francesi avete visto? (2) *Ne abbiamo visti due.*

1. Quanti ragazzi americani avete incontrato? (3)

   _____

2. Quante riviste avete letto? (1)

   _____

3. Quanti bicchieri di latte avete bevuto? (2)

   _____

4. Quante mele avete mangiato? (6)

   _____

5. Quanti quadri originali avete comprato? (4)

   _____

M. Dire se vuole parlare dei seguenti soggetti con i suoi genitori. *[The pronoun **ne**, p. 395]*

> i soldi   *Sì, voglio parlarne. (Sì, ne voglio parlare.)*
>   *No, non voglio parlarne. (No, non ne voglio parlare.)*

1. lo sport _____

2. la politica _____

3. gli amici _____

4. le vacanze _____

IV. Componimento

N. Scriva la sua opinione su ognuno dei seguenti soggetti *(topics)* in due o tre frasi. Usi per lo meno una forma del congiuntivo in ogni paragrafo.

1. la musica leggera
2. la musica classica
3. le vacanze

1. _____

   _____

   _____

2. _____

_____

_____

3. _____

_____

_____

O. Narrativa. Cambiare il dialogo *Musica leggera o musica classica?* in una narrativa. Usare il congiuntivo quando e dove possibile.

_____

_____

_____

_____

_____

_____

_____

_____

_____

_____

_____

Lezione 18ª   Come vedete il vostro futuro?

I.   Comprensione

A.   Dopo la lettura del dialogo, *Como vedete il vostro futuro?* (text p. 401), creare due brevi dialoghi scegliendo una frase appropriata da ciascuno dei gruppi indicati.

I.   1.   Secondo lei, Giorgio, com'è l'attuale situazione universitaria?
      2.   Qual è la sua opinione sul futuro dei giovani, Patrizia?

II.   1.   Beh, è veramente caotica!
      2.   Credo che ci siano buone possibilità d'impiego per i giovani nel futuro.

III. 1.   Lei, Patrizia, è d'accordo con Giorgio?
      2.   È facile ricevere all'università una preparazione adeguata per trovare un buon
           impiego?

IV.   1.   No, non sono pessimista come lui.
      2.   No, è piuttosto difficile.

V.   1.   Luciana, cosa pensa lei di quello che ha detto Giorgio?
      2.   Lei, Giorgio, cosa suggerisce?

VI.   1.   Fra le altre cose, un contatto più diretto fra l'industria e l'università.
      2.   Giorgio ha ragione. La situazione è molto confusa.

1.   --_____

     --_____

     --_____

     --_____

     --_____

     --_____

2.   --_____

     --_____

     --_____

     --_____

-- _____

-- _____

_____

B. Completare queste frasi con una parola o espressione appropriata scelta fra quelle fra parentesi.

1. Per i giovani italiani non è molto facile entrare _____ (all'università, in aula, nel mondo del lavoro).

2. _____ (L'ascolto, La disoccupazione, La trasmissione) giovanile è un problema piuttosto serio.

3. Emilia, quando _____ (ti laurei, esprimi, ti riunisci), quest'anno o l'anno prossimo?

4. Spesso ascolto alla radio la trasmissione _____ (addirittura, industriale, settimanale) dedicata ai giovani.

5. Giovanni, non lavori da due anni. Quando pensi di cercare _____ (un passato, un impiego, un settore)?

6. Il contatto fra l'università e l'industria è molto limitato, e _____ (ciò, siccome, piuttosto) causa molti problemi per i giovani in cerca di lavoro.

7. Le aule universitarie italiane sono generalmente _____ (private, varie, sovraffollate).

8. L'industria esamina la possibilità di ridurre _____ (il cambiamento, il personale, la possibilità).

9. Avete alcuni _____ (suggerimenti, contatti, scambi) da dare?

10. Pensate che la situazione _____ (arrivi, migliori, si laurei)?

Annunci

Offerte di lavoro

Industria ricerca	La grande catena di negozi di abbigliamento "La Moda" cerca per il suo negozio di Napoli un ...
Laureato in chimica in possesso dei seguenti requisiti: — età tra i 25 ed i 35 anni — 2 o 3 anni di esperienza. Il candidato sarà responsabile per: — lo studio e lo sviluppo di nuovi prodotti — l'assistenza tecnica ai clienti. Inviare dettagliato Curriculum vitae a: *Agenzia Parini, Casella Postale 35, Como*	**Responsabile vendite** Questa posizione è adatta per una persona dinamica con spirito di organizzazione e indipendenza. Possibilità di sviluppo e soddisfacente retribuzione. Presentarsi o telefonare presso il negozio di Via Caracciolo 194, Tel. 237.415

II. Ampliamento del vocabolario

C. Formulare frasi di senso compiuto abbinando gli elementi della colonna A con quelli della colonna B. C'è un elemento in più nella colonna B.

A	B
1. Finalmente domani vado	a. da quel posto?
2. Quella fabbrica di mobili	b. piacerebbe svolgere *(develop)* a tuo figlio?
3. Molti lavoratori italiani	c. richiede molte qualifiche.
4. Perché ti sei licenziato	d. ma lo stipendio è piuttosto basso.
5. Questo tipo d'impiego	e. quando finisci l'università?
6. Come pensi di guadagnarti la vita	f. o a tempo parziale?
7. Questo lavoro è interessante	g. a fare un colloquio con il capo del personale.
8. Qual è la carriera che	h. assumere altro personale qualificato.
9. Preferisci lavorare a tempo pieno	i. bisogna fare un concorso.
10. L'industria automobilistica pensa di	j. ha licenziato tremila operai.
	k. ricevono la tredicesima.

1. _____

2. _____

3. _____

4. _____

5. _____

6. _____

7. _____

8. _____

9. _____

10. _____

D. Lei abita a Roma. Dia le direzioni ad un turista che vuole andare da Piazza di Spagna alla spiaggia ad Ostia. *[Lei commands, p. 409]*

andare a via Barberini / prendere l'autobus numero 56 / scendere alla stazione Termini / cercare l'entrata della metropolitana / fare il biglietto / seguire la scritta *Ostia* / prendere il treno per Ostia / scendere alla fermata *Ostia Centrale.*

Prima vada a via Barberini. Poi . . . _____

_____

_____

_____

_____

_____

E. Lei organizza una riunione fra professori per discutere i problemi dell'università. Formuli frasi usando l'imperativo formale. *[Lei and loro commands, p. 409]*

> signore e signori / ascoltare con attenzione   *Signore e signori, ascoltino con attenzione!*

1. professor Valenti / aprire la discussione

_____

2. professoressa Beni / presentare le sue idee

_____

3. signori e signore / discutere i problemi dell'università

_____

4. professore / spiegare il futuro dei giovani

_____

5. professoressa / chiedere altre informazioni al professore

_____

6. professori e professoresse / esprimere le loro opinioni

_____

F. Lei dà dei consigli ad alcune persone che non conosce. Usi l'imperativo di *lei* e *loro* nell'affermativo o nel negativo. Se possibile, spieghi il motivo dei suoi consigli. *[Lei and **loro** commands, p. 409]*

> Mio fratello ed io cerchiamo un buon ristorante.   *Mangino in quel ristorante. (Il cibo è buono.)*
>   *Non mangino in quel ristorante. (Il cibo è pessimo.)*

1. Voglio visitare il Museo delle Belle Arti.

   _____

2. Vogliamo frequentare questo liceo.

   _____

3. Cerco lavoro in questo negozio.

   _____

4. Desideriamo prenotare due biglietti per il concerto.

   _____

5. Pensiamo di andare a Pisa.

   _____

6. Abbiamo bisogno di una macchina da scrivere.

   _____

7. Devo comprare un vestito nuovo.

   _____

8. Vogliamo ascoltare un buon programma alla radio.

   _____

G. Trascrivere le frasi al passato. Fare attenzione ai tempi dei verbi. *[The imperfect subjunctive, p. 412]*

> È probabile che Gianni compri una nuova macchina.   *Era probabile che Gianni comprasse una nuova macchina.*

1. Il professore vuole che facciamo i compiti ogni giorno.

   _____

2. Dubito che Tina sappia guidare.

   _____

3. Non so se quegli studenti conoscano questo scrittore.

   _____

4. Sembra che tu ascolti con interesse le opere di Puccini.

_____

5. La vostra professoressa desidera che voi andiate a quel concerto.

_____

6. È necessario che io finisca di leggere quel volume di poesie.

_____

H. Dire quello che speravano le famiglie delle persone indicate. *[The imperfect subjunctive, p. 412]*

> Roberto / vivere meglio   *La sua famiglia sperava che Roberto vivesse meglio.*

1. tu / trovare lavoro

_____

2. noi / abituarsi *(to get used to)* subito alla città

_____

3. io / conoscere molte persone importanti

_____

4. Cecilia / essere felice

_____

5. tu e Piero / frequentare una buona università

_____

6. Giorgio / esprimersi bene in classe

_____

I. Cambiare ogni frase come indicato. *[The imperfect subjunctive, p. 412]*

> Volevo parlare con Pierina.
> Volevo che tu *parlassi con Pierina.*

1. Temo di essere in anticipo.

   Temo che mio fratello _____

2. Mi dispiaceva partire.

   Mi dispiaceva che lui _____

3. Speravo di finire alle due.

   Speravo che tu _____

4. Preferirei ascoltare la musica classica.

   Preferirei che Enrico _____

5. Ero contento di fare una passeggiata.

   Ero contento che loro _____

6. Dubitavo di vederlo.

   Dubitavo che lei _____

7. Era necessario scrivere subito.

   Era necessario che voi _____

8. Volevo discutere il problema universitario.

   Volevo che lui _____

J. Rispondere alle seguenti domande usando l'avverbio *ci*. *[The adverb of place, **ci**, p. 415]*

> Va spesso a Roma?   *Sì, ci vado spesso.   (No, non ci vado spesso.)*

1. Va spesso dagli amici?_____
2. Mangia spesso al ristorante vicino alla scuola?_____
3. È mai andato/a in Italia? _____
4. È mai andato/a a Boston? _____
5. Andrà al teatro stasera? _____
6. Pensa spesso alla sua famiglia? _____

K. Scriva una lettera ad un amico/un'amica di circa 100 parole. Includa notizie sulla scuola, le sue opinioni sulle possibilità di lavoro nel futuro e la carriera che spera di svolgere quando si laurea, ecc. Usi l'imperfetto del congiuntivo dove possibile.

_____

_____

_____

_____

_____

_____

_____

_____

_____

_____

_____

_____

_____

_____

Lezione 19ª   Cosa stai leggendo?

I.   Comprensione

A.   Trascrivere correttamente queste frasi e poi numerarle per formulare un brano di senso compiuto secondo il contenuto del dialogo, *Cosa stai leggendo?* (text p. 423).

1.   a Firenze / il poeta / è / nel 1885 / che / 'La casa di Mara' / ed è nato / Aldo Palazzeschi / italiano / ha scritto

_____ No. ___

_____

2.   la nostra vita / nella sua spiegazione / rappresenta / a Luigi / della bara *(coffin)* / e la stanza / è / Cristina / che / di legno / della poesia / dice / il binario *(railroad track)* / il simbolo

_____ No. ___

_____

_____

3.   esprime / e le sue esperienze / secondo / il poeta / le sue idee / Cristina / nella poesia / le sue emozioni

_____ No. ___

_____

4.   fiorentina / a cui / poesie / è / Cristina / piace / che / anche / studia / studentessa / legge / leggere

_____ No. ___

_____

5.   dà / della poesia / nell'opinione / 'La casa di Mara' / di Luigi / Cristina / triste / un'interpretazione / molto

_____ No. ___

_____

6.   di Boboli / incontra / a Firenze / la sua amica / Luigi / nel giardino / Cristina / universitaria

_____ No. ___

_____

7. a Luigi / di Aldo Palazzeschi / cerca / 'La casa di Mara' / il significato / della poesia / Cristina / di spiegare

_____ No. ___

_____

8. mai / pensa / un bravo / essere / amico / Cristina / che / Luigi / poeta / il suo / non potrebbe

_____ No. ___

_____

9. che / Luigi / legge / non si accorge / mentre / arriva / Cristina / il suo amico

_____ No. ___

_____

10. 'La casa di Mara' / di campagna / e / nell'interpretazione / parla / della vita / di Luigi / della tranquillità

_____ No. ___

_____

B. Sostituire le parole in corsivo con un'altra appropriata scelta fra quelle fra parentesi.

1. Al mio amico piace scrivere *(poesie)* _____ (racconti, arrivi, ombre).

2. Questa sedia è *(di legno)* _____ (veloce, di bevanda, di plastica).

3. Conosci *(forse)* _____ (per caso, sempre, dappertutto) le poesie di Aldo Palazzeschi?

4. A quest'ora i bambini sono *(tutti)* _____ (a lato, sempre, circostante) a dormire.

5. Hai trascritto questa poesia nel tuo *(quaderno)* _____ (dizionario, diario, giardino)?

6. Non ho mai letto quel *(romanzo)* _____ (significato, racconto, vivere) di Alberto Moravia.

7. *(Quando)* _____ (Secondo lei, Proprio, A che età) è morto Aldo Palazzeschi?

8. È facile o difficile *(campare)* _____ (riprendere, cominciare, vivere) in campagna?

II. Ampliamento del vocabolario

C. Prima identificare i seguenti oggetti e poi indicare a cosa servono.

1. _____

_____

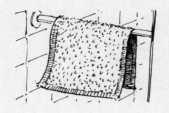

2. _____

_____

3. _____

_____

4. _____

_____

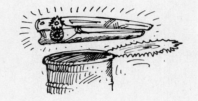

5. _____

_____

6. _____

_____

III. Struttura ed uso

D. Sostituire all'imperfetto del congiuntivo il trapassato del congiuntivo. *[The pluperfect subjunctive, p. 429]*

> Gino pensava che noi <u>dessimo un passaggio a suo fratello.</u>
> *Gino pensava che noi avessimo dato un passaggio a suo fratello.*

1. Era probabile che i miei amici <u>andassero</u> al concerto.

_____

_____

2. Volevo che tu non <u>partissi</u> con la tua macchina.

_____

_____

3. Credeva che io <u>fossi</u> a Parigi.

_____

4. Mia madre non sapeva chi io <u>conoscessi</u> quel giovane.

_____

_____

5. Non credevano che voi <u>compraste</u> la macchina nuova.

_____

_____

6. Era impossibile che i miei amici <u>leggessero</u> delle poesie.

_____

_____

E. Unire le due frasi congiungendole *(connecting them)* con *che* e usando nella subordinata il verbo al trapassato del congiuntivo se necessario. *[The pluperfect subjunctive, p. 429]*

> Ha letto una poesia di Quasimodo.
> Era bene *che avesse letto una poesia di Quasimodo.*

1. Non avete trovato quella poesia di Palazzeschi.

   Pensavo _____

2. Vi spiego questa poesia.

   Erano contenti _____

3. Mara ha dormito all'ombra del cipresso.

   Mi sembrava _____

4. La donna alza la testa un istante.

   Era improbabile che _____

5. I treni passano davanti alla casa.

   Avevo paura _____

6. La donna riprende il lavoro.

   Non credevo _____

F. Scrivere quello che farebbero le seguenti persone se avessero abbastanza soldi. *[Se-clauses, p. 430]*

> fare una gita (noi)   *Se avessimo abbastanza soldi, faremmo una gita.*

1. andare in Svizzera (io)

   _____

2. volere vedere quella commedia (Lucia)

   _____

3. comprare degli antichi volumi di poesie di Dante (tu ed io)

   _____

   _____

4. partire per Londra (voi)

   _____

5. costruire una casa (mio padre)

   _____

6. viaggiare spesso (le mie cugine)

   _____

G. Completare le frasi secondo la propria opinione. *[Se-clauses, p. 430]*

1. Andrei in vacanza con i miei amici se_____

   _____

2. Se sapessi il numero di telefono di Margherita_____

   _____

3. Visiterei i musei Vaticani se_____

   _____

4. Se mia madre mi desse i soldi_____

   _____

5. Ti darei un passaggio se _____

   _____

H. Dire cosa hanno detto che avrebbero fatto le seguenti persone. Usare il condizionale passato. *[The conditional perfect, p. 433]*

> Mariella / andare da Luigi   *Mariella ha detto che sarebbe andata da Luigi.*

1. voi / uscire con Carla

   _____

2. i suoi parenti / mangiare al ristorante

   _____

3. Giancarlo / partire alle nove

   _____

4. tu / leggere una poesia di Montale

   _____

5. Laura e Diana / telefonare a Giulia

   _____

6. Anna / dovere venire prima delle undici

   _____

I. Formulare frasi di senso compiuto abbinando le espressioni della colonna A con le espressioni della colonna B. *[The conditional perfect, p. 433]*

A	B
Saresti venuta alla festa	Giuliana sarebbe tornata a casa prima.
Se ci avessero aspettato	saremmo andati con loro.
Non sarei uscito	se avessi avuto tempo.
Avrei letto quel romanzo	se avessi saputo che pioveva.
Se non avesse perso l'autobus	se ti avessero telefonato?

1. _____

2. _____

3. _____

4. _____

5. _____

J. Formulare frasi, usando il condizionale passato e il trapassato del congiuntivo. *[The conditional perfect, p. 433]*

> (io) se avere tempo / studiare   *Se avessi avuto tempo, avrei studiato.*

1. (Piero) se avere i soldi / partire per l'Italia

   _____

2. (Tonio ed Alberto) se arrivare prima / vedere i nonni

   _____

3. (io) se lavorare di più / fare più soldi

   _____

4. (tu) se telefonare prima / parlare con Gianna

   _____

5. (voi) se aspettare Massimo / andare in macchina

   _____

6. (noi) se potere / restare tanto tempo da Graziella

   _____

K. Completare le frasi seguenti con espressioni di senso compiuto usando il condizionale passato o il trapassato del congiuntivo. *[The conditional perfect, p. 433]*

1. Se i miei cugini fossero arrivati oggi, _____

   _____

2. Sarei andato con loro se _____

   _____

3. Se mio fratello mi avesse prestato il videocassette, _____

   _____

4. Avrei parlato con i miei professori _____

   _____

5. Se Maria mi avesse telefonato, _____

   _____

6. Saremmo andati in California, _____

   _____

L. Dica tre cose che avrebbe dovuto fare questa settimana. *[The conditional perfect, p. 433]*

> *Avrei dovuto studiare la lezione diciannovesima (19ª).*

1. _____

2. _____

3. _____

IV. Componimento

M. Immagini di dovere fare un'intervista ad un famoso poeta/una famosa poetessa. Quali domande farebbe? Quali risposte le darebbe lui/lei? Scriva un'intervista di circa 100 parole creando domande e risposte. Usi il trapassato del congiuntivo in frasi con *se* dove possibile.

Lei: _____

_____

Lei: _____

_____

Lei: _____

_____

Lei: _____

_____

Lezione 20ª   Una campagna elettorale

I. *Comprensione*

A. Abbinare gli elementi della colonna A con quelli della colonna B per formulare frasi di senso compiuto, secondo il contenuto della lettura, *Una campagna elettorale* (text p. 458). C'è un elemento in più nella colonna B.

A	B
1. ___ Le elezioni avranno luogo	a. perché il Primo Ministro si è dimesso.
2. ___ La campagna elettorale	b. per tutta la città.
3. ___ Queste elezioni servono	c. è di grande importanza.
4. ___ C'è una crisi politica	d. ci sono foto dei candidati.
5. ___ Per tutti i partiti politici il risultato di queste elezioni	e. domenica prossima.
	f. annunci politici.
6. ___ Tutti i partiti politici cercano	g. parlano delle promesse fatte dai partiti politici e dai singoli candidati.
7. ___ È possibile vedere cartelloni di propaganda	
8. ___ La radio e la televisione trasmettono continuamente	h. per trovare una soluzione all'attuale crisi politica.
	i. ci sono molti altoparlanti.
9. ___ Sui manifesti affissi dappertutto	j. di avere un ottimo risultato.
10. ___ I volantini politici	k. è durata *(lasted)* un mese.

B. Completare queste frasi con una parola appropriata scelta fra quelle indicate in basso.

ambiente	droga	scuole	pace	
manifestano	altoparlanti	popolo	Europa	stabilità

1. Tutti i candidati _____ molto ottimismo.

2. Una candidata promette un futuro di _____.

3. Il _____ italiano legge i volantini ed ascolta gli annunci politici ma poi vota sempre per lo stesso partito.

4. Le automobili che girano per la città sono fornite *(furnished)* di _____.

5. Secondo una candidata, l' _____ unita è il simbolo di sicurezza mondiale.

6. I politici lottano *(fight)* anche contro la _____.

7. Un _____ sano e pulito interessa tutti gli elettori italiani.

8. Le città italiane hanno anche bisogno di più _____ ed ospedali.

9. Naturalmente la gente spera di avere _____ economica nel paese.

C. Scrivere una parola appropriata corrispondente alle seguenti definizioni.

1. il capo di una repubblica: _____

2. la persona che vuole essere eletta: _____

3. la persona che rappresenta il proprio paese in una nazione straniera: _____

4. un governo che ha un re o una regina: _____

5. vari partiti che governano insieme: _____

6. il documento che contiene le leggi dello stato: _____

7. quello che fa una figura politica quando lascia il suo posto di lavoro per qualche ragione di disaccordo *(disagreement)*:

    _____

8. è formato da senatori e da deputati: _____

III. Struttura ed uso

D. Marco consiglia a suo fratello di fare o non fare varie cose. Assumere il ruolo di Marco, usando l'imperativo ed un pronome complemento. *[Commands with object pronouns, p. 443]*

> svegliarsi presto (sì)   *Svegliati presto!*
>   (no)   *Non svegliarti presto! (Non ti svegliare presto!)*

1. alzarsi alle sei (sì) _____

2. mettersi a giocare a pallone (no) _____

3. invitare le sue amiche (sì) _____

4. fare colazione (sì) _____

5. recarsi *(to go)* allo stadio (no) _____

6. ascoltare questi dischi (sì) _____

7. comprare il giornale (sì) _____

8. telefonare a tuo zio (sì) _____

E. Trascrivere le seguenti frasi sostituendo alle parole in corsivo i pronomi complemento. *[Commands with object pronouns, p. 443]*

> Vediamo *questo film!*   *Vediamolo!*

1. Marco, rispondi *alla signora!* _____

2. Amici, finite *i panini!* _____

3. Prendiamo *il gelato!* _____

4. Giacomo, non vendere *i tuoi libri!* _____

5. Telefoniamo *agli amici!* _____

6. Beviamo *il caffè!* _____

7. Carlo, Giorgio, aprite *le finestre!* _____

8. Non comprate *quelle cravatte!* _____

9. Non mangiare *i dolci.* _____

F. Lei è molto occupato/a e chiede ad un'amico/un'amica di aiutarla. Usi l'imperativo affermativo e sostituisca alle parole in corsivo i pronomi complemento indiretto. *[Commands with object pronouns, p. 443]*

> *(a me!)* dare il libro   *Dammi il libro.*

1. *(a Giorgio)* dire di venire qui _____

2. *(a Carla)* fare una telefonata _____

3. *(a noi)* dire chi è arrivato _____

4. *(a Paola)* andare a parlare _____

5. *(a me)* dare una mano _____

6. *(a me ed a Rosa)* fare un favore _____

G. Chiedere alle persone indicate di fare alcune cose. Sostituire alle parole in corsivo i pronomi complemento. *[Commands with two object pronouns, p. 446]*

> Signore, legga *questa poesia!*   *Signore, la legga!*

1. Signorina, mi dia *la videocassetta!*

_____

2. Signora, spieghi *la trama* (plot)!

_____

3. Signore, si metta *il cappello!*

_____

4. Signorine, le mandino *le cartoline!*

_____

5. Signora, si metta *la camicetta verde!*

_____

6. Signori, mi spieghino *la lezione!*

_____

H. Completare le seguenti frasi con la forma appropriata di *tutto.* *[Indefinite adjectives, p. 448]*

1. L'impiegato ha finito _____ il lavoro.

2. Il candidato ha ripreso _____ i cartelloni.

3. Ho letto _____ il volantino.

4. I miei amici hanno trovato _____ le schede per terra.

5. Marco ha letto _____ gli annunci della campagna elettorale.

6. Abbiamo ascoltato _____ la pubblicità elettorale.

I. Completare le seguenti frasi in maniera appropriata, usando gli aggettivi indefiniti indicati. *[Indefinite adjectives, p. 448]*

pochi	qualche	molta	ogni
tutta	un po' di	alcuni	troppe

1. Marco ha portato _____ dischi alla festa.

2. C'era _____ bella ragazza alla partita.

3. Non fa niente _____ la serata.

4. Mia madre prepara _____ cose da mangiare.

5. _____ mattina mi alzo alle sette e mezzo.

6. Beve _____ acqua.

7. Gino, metti _____ sale sul pomodoro.

8. Abbiamo _____ amici ma buoni.

J. Completare le seguenti frasi in maniera logica, scegliendo il pronome indefinito corretto. *[Indefinite pronouns, p. 451]*

1. _____ ha aperto la porta. (Ognuno, Qualcuno)

2. _____ sono andati al cinema. (Tutto, Tutti)

3. _____ ha fatto i compiti. (Ognuno, Qualcosa)

4. Giorgio ha mangiato _____ stamattina. (qualcosa, tutti)

5. Invece di mangiare una mela sola, le ha mangiate _____! (tutte, tutto)

6. I miei amici hanno deciso di fare _____ il lavoro. (qualcosa, tutto)

IV. Componimento

K. Immagini di essere un candidato per il parlamento italiano e di dovere scrivere un annuncio di circa 100 parole per la radio. In questo annuncio lei chiede il voto agli ascoltatori. Usi l'imperativo formale ed aggiunga pronomi complemento dove possibile. Ecco alcuni verbi da usare come guida:

dare	votare	ricordarsi
aiutare	eleggere	indicare

Mi chiamo . . . . Sono candidato/a al parlamento italiano . . .

_____

_____

_____

_____

_____

_____

_____

_____

_____

_____

_____

_____

Lezione 21ª Sciopero generale

I. Comprensione

A. Le seguenti frasi sono in ordine sbagliato. Metterle in ordine, dando un numero a ciascuna per formare un brano di senso compiuto secondo la lettura, *Sciopero generale* (text p. 458).

1. I bar e le edicole dei giornali sono chiusi, quindi la gente deve fare a meno del solito caffè e del giornale.   No. ___

2. Secondo un noto esponente politico, i rappresentanti dei sindacati e del governo hanno deciso di riunirsi quanto prima.   No. ___

3. Lo sciopero generale indetto oggi dai sindacati è una protesta contro il governo.   No. ___

4. Sono fermi i mezzi di trasporto, ma dappertutto ci sono molte automobili e pochi tassì.   No. ___

5. Molti pensano che nella città ci sarà un grande caos fino a tarda sera.   No. ___

6. Questa mattina alcuni rappresentanti sono a Palazzo Madama per raggiungere una soluzione accettabile al più presto.   No. ___

7. C'è stato uno sciopero anche due mesi fa, ma solo pochi lavoratori hanno scioperato allora.   No. ___

8. Anche se molti lavoratori hanno scioperato, sono rimasti aperti gli uffici statali, le banche e le ditte private.   No. ___

9. I lavoratori che scioperano oggi lottano *(are fighting)* contro il carovita e vogliono salari più alti.   No. ___

10. Per rendere la vita dei cittadini meno difficile, le autorità hanno impiegato l'aiuto dei militari negli ospedali e nei trasporti pubblici.   No. ___

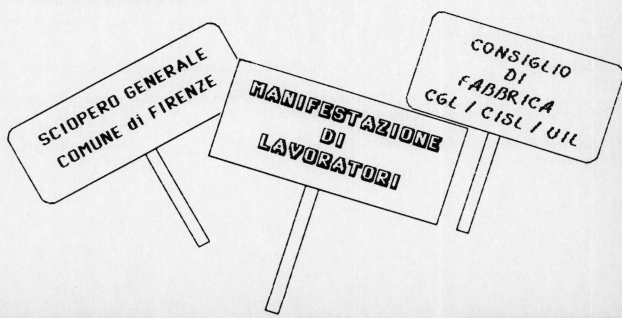

B. Completare queste frasi con una o più parole secondo il contenuto dell'articolo sullo *Sciopero generale*.

1. Per protestare contro il governo, i sindacati _____ uno sciopero anche due mesi fa.

2. I lavoratori lottano contro il _____, mentre i sindacati chiedono

   _____ salariali.

3. Nella _____ il caos era _____, ma molti sono andati a

   _____ lo stesso.

4. In giro c'erano pochi _____ e molte _____, dato che i

   _____ erano fermi.

5. La gente non ha potuto bere il solito _____ e non ha potuto comprare il

   _____ perché i _____ e le _____

   _____ erano chiusi.

6. Per attenuare i disagi dello _____, le autorità _____ hanno impiegato

   anche i _____ .

7. Per trovare una giusta soluzione, i _____ ed i

   _____ del governo hanno _____ d'incontrarsi al più presto.

C. Completare le seguenti frasi scegliendo la parola o espressione appropriata fra quelle suggerite fra parentesi.

1. Un noto esponente politico ha tenuto _____ (in circolazione,
   una conferenza stampa, un disagio).

2. Oggi nella città _____ (regna, si arrangia, aderisce) molta confusione.

3. Non tutti i lavoratori vogliono partecipare _____ (al carovita, al
   miglioramento salariale, allo sciopero).

4. Stamattina c'è stata _____ (un'unità, un sindacato, una manifestazione) dei
   medici davanti all'Ospedale Civile.

5. Non posso _____ (fare a meno, succedere, attenuare) del caffè quotidiano.

6. _____ (Quanto prima, Ancora una volta, In segno di) le autorità cittadine hanno
   impiegato i militari per attenuare i disagi causati dallo sciopero.

7. Quando non funzionano i mezzi pubblici di trasporto _____ (la ditta, i militari,
   ognuno) si arrangia come può.

II. *Ampliamento del vocabolario*

D. Spiegare brevemente il significato della parola alterata in corsivo, usando la parola da cui deriva.

1. In quel salone c'è un bel *caminetto.*

   _____

2. Questo quadro è proprio *bellino.*

   _____

3. Che *giornataccia!* Fa molto caldo e devo fare ancora tante spese.

   _____

4. Chi abita in quella *casetta* vicino al lago?

   _____

5. Che bel *raccontino!* Chi lo ha scritto?

   _____

6. Dove vai con questo *tempaccio?* Non vedi che nevica e tira vento?

   _____

E. Esprimere in italiano usando i suffissi appropriati dei nomi alterati. Poi usare le parole alterate in frasi originali.

1. a nice little house_____

   _____

2. a nasty newspaper_____

   _____

3. my nice little brother_____

   _____

4. a big girl _____

   _____

5. a big hat_____

   _____

F. Dire cosa fecero le seguenti persone durante una discussione sugli scioperi usando il passato remoto. *[The preterit, p. 462]*

> Gabriele / iniziare la discussione   *Gabriele iniziò la discussione.*

1. uno scioperante / dichiarare le sue opinioni

_____

2. io e Gregorio / fare delle domande allo scioperante

_____

3. mio cugino / prevedere un lungo sciopero

_____

4. tu e Gino / cercare di attenuare la discussione

_____

5. tu / prendere una buona decisione

_____

6. Tonio ed Alberto / dire di partecipare alle manifestazioni

_____

G. Dire quello che le persone della colonna A fecero prima e quello che fecero dopo. Formulare frasi di senso compiuto usando gli elementi delle colonne A, B, C. *[The preterit, p. 462]*

A	B	C
Carla	fare le valige	mangiare al ristorante
i miei amici	andare alla dimostrazione	partire
voi	alzarsi	preparare da mangiare
io	vendere la motocicletta	vestirsi
noi	visitare dei parenti	comprare una macchina
tu	organizzare la festa	uscire
		divertirsi

> (noi) *Prima ci alzammo e poi uscimmo.*

1. _____

2. _____

3. _____

4. _____

5. _____

6. _____

H. Racconti quello che lei fece la settimana scorsa, usando alcuni dei seguenti verbi al passato remoto. *[The preterit, p. 462]*

bere	analizzare	leggere	vedere
salutare	cercare	assistere	uscire
intervistare	mangiare	scrivere	andare
pagare	capire	ricevere	trovare

> *La settimana scorsa scrissi una lettera ai miei amici e mangiai in un ristorante francese.*

1. _____

2. _____

3. _____

4. _____

I. Racconti cosa fece il suo più caro amico tempo fa. Usi alcuni dei verbi dell'esercizio precedente. *[The preterit, p. 462]*

> *Un mese fa, il mio amico Roberto vide un film russo e intervistò il regista del film.*

1. _____

2. _____

3. _____

4. _____

J. Completare le seguenti frasi con la preposizione appropriata. *[Verbs that require a preposition, p. 465]*

> Mi metto *a* leggere una poesia.

1. Cerca _____ studiare di più.

2. Ci mettiamo _____ guardare la televisione.

3. Paola spera _____ conoscerlo presto.

4. L'anno scorso ho imparato _____ sciare.

5. I ragazzi si divertono _____ giocare a pallone.

6. Pensava _____ telefonargli alle cinque.

K. Formulare frasi nel passato con le parole indicate usando la preposizione appropriata *di* o *a* prima dell'infinito. *[Verbs that require a preposition, p. 465]*

1. Gina ed io / andare / studiare

   _____

2. tu / ricordarsi / telefonare a Gianni

   _____

3. i miei fratelli / avere paura / viaggiare in aereo

   _____

4. Mariella / venire / visitarmi

   _____

5. tu e Patrizia / mettersi / parlare immediatamente

   _____

6. io / preoccuparsi / organizzare la festa

   _____

L. Scrivere nuove frasi sostituendo le parole in corsivo con le parole o espressioni indicate. Cambiare la forma dei verbi quando necessario. *[The sequence of tenses, p. 468]*

1. *Speravo* che tu non facessi sciopero.
   Sono contento / Sarei felice / È importante

   _____

   _____

   _____

2. *Vorrà* che io vada con te alla manifestazione.
   Gli dispiace / Temeva / Non vuole

   _____

   _____

   _____

3. *Speravamo* che tu fossi arrivato ad una soluzione.
   Bisogna che / Siamo contenti / Vorremmo

   _____

   _____

   _____

M. Completare le frasi con la forma corretta dei verbi fra parentesi. *[The sequence of tenses, p. 468]*

> Non credevo che mia sorella _____ (arrangiarsi) alla meglio.
> Non credevo che mia sorella *si arrangiasse* alla meglio. (o)
> Non credevo che mia sorella *si fosse arrangiata* alla meglio.

1. Occorrerebbe *(It would be necessary)* che la città _____ (impiegare) molta altra gente.

2. Ho paura che il caos _____ (regnare) in questa situazione.

3. I professori preferivano che gli studenti non _____ (scioperare) .

4. Era necessario che tu e Mariella _____ (aderire) alle leggi della comunità.

5. Ci dispiace che lo sciopero _____ (rendere) più complicata le cose.

6. Era necessario che voi _____ (fare alla meglio) durante questo periodo.

7. Volle che noi _____ (vendere) la macchina a suo padre.

IV. Componimento

N. Supponga di essere un famoso attore o una famosa attrice. In circa 100 parole descriva la sua vita e i suoi programmi per il futuro, usando verbi che richiedono le preposizioni *a* o *di* prima dell'infinito.

_____

_____

_____

_____

_____

_____

_____

_____

_____

_____

_____

_____

O. Leggere la lettera scritta dal signor Joseph Palmer alla direzione dell'albergo Tre Cannelle per prenotare una stanza con bagno. Poi rispondere alle seguenti domande tenendo presente il contenuto della lettera.

Alla Direzione
Albergo Tre Cannelle
Spoleto, Perugia
Italia

Atlanta, 11 marzo, 1986

Egregio Signore;
in occasione del prossimo Festival dei Due Mondi, io e mia moglie abbiamo deciso di soggiornare a Spoleto per un periodo di quindici giorni.

Pertanto *(Therefore)* Le scrivo per prenotare una camera matrimoniale con bagno per il periodo che va dal primo al quindici luglio. Le accludo *(I enclose)* un assegno di duecento dollari ($200) come deposito. La prego di confermarmi la prenotazione per via aerea al più presto possibile.

La saluto distintamente.

Joseph Palmer

1. Perché il signor Palmer vuole recarsi *(to go)* a Spoleto?

_____

2. Chi lo accompagnerà e per quanto tempo rimarrà in quella città?

_____

3. Che tipo di stanza cerca il signore e per quale mese?

_____

4. Cosa acclude *(enclose)* alla lettera?

_____

5. Cosa chiede alla fine della lettera?

_____

P. Immagini di essere un giornalista che ha assistito *(witnessed)* ad una dimostrazione di scioperanti in Italia. Scriva un articolo di 50 parole descrivendo quello che le persone facevano durante lo sciopero. Usi il passato remoto nella descrizione.

_____

_____

_____

_____

_____

_____

_____

Lezione 22ª   Come si può fermare l'inquinamento?

I.   Comprensione

A. Trascrivere correttamente queste frasi e poi numerarle per formare un brano di senso compiuto secondo il contenuto del dialogo, *Come si può fermare l'inquinamento?* (text p. 474).

1. inutilmente / prendere / non bisogna / ora / provvedimento / è necessario / qualche / parlare

    _____   No. ____

    _____

2. colore / Risorgimento / l'inquinamento / di Garibaldi / cambiare / a piazza / alla statua / ha fatto

    _____   No. ____

    _____

3. qui / dell'inquinamento / per / il problema / siamo / discutere

    _____   No. ____

4. per / sono / dal governo / alcune / già / l'inquinamento / leggi / approvate / fermare / state

    _____   No. ____

    _____

5. selvatici / ed / più / non / il mare / nei boschi / ci sono / ha cambiato / animali / colore

    _____   No. ____

    _____

6. la sopravvivenza / è / l'equilibrio / per / ecologico / dell'uomo / necessario

    _____   No. ____

    _____

7. dall'inquinamento / il nostro / danneggiato / bisogna / già / artistico / patrimonio / salvare / abbastanza

    _____   No. ____

    _____

8. rotonda / ora / ringrazio / suggerimenti / che / per / critiche / tavola / abbiamo ascoltato / e / avere partecipato / a questa / tutti

_____   No. ___

_____

9. controlli / ci / secondo / delle autorità / che / me / siano / più / necessario / da parte / è / severi

_____   No. ___

_____

10. è stato / tecnologico / dell'ultimo / è / che / dal progresso / chiaro / causato / decennio / l'inquinamento

_____   No. ___

_____

B. Completare le seguenti frasi con una parola appropriata dalla lista in basso.

la pece	le spiagge	ha ceduto la parola	moderatore	boschi
una tavola rotonda	salvare	danneggiate	senza dubbio	al più presto

1. I giovani di questa città hanno organizzato _____ per discutere l'importanza dell'ecologia.

2. Durante il dibattito, il professore d'italiano ha assunto il ruolo di _____.

3. Quasi tutte le statue di questa città sono state _____ dall'inquinamento.

4. Ci sono pochi animali selvatici in questi _____.

5. Durante la discussione, l'ingegnere varie volte _____ ad uno degli esperti.

6. _____ sono quasi tutte sporche a causa dell'inquinamento.

7. È necessario _____ il patrimonio artistico di tutto il paese.

8. _____ questa discussione durerà (will last) per altre due ore.

9. Questo monumento è diventato nero come _____.

10. Bisogna fermare l'inquinamento _____.

II. Ampliamento del vocabolario

C. 1. Formare aggettivi dalle seguenti parole e poi usarli in frasi originali.

a. elettore _____

_____

b. televisione _____

_____

c. stato _____

_____

2. Formare verbi dalle seguenti parole e poi usarli in frasi originali.

a. manifestazione _____

_____

b. decisione _____

_____

c. voto _____

_____

3. Formare nomi dalle seguenti parole e poi usarli in frasi originali.

a. eleggere _____

_____

b. passare _____

_____

c. governare _____

_____

4. Formare avverbi dalle seguenti parole e poi usarli in frasi originali.

a. pubblico _____

_____

b. chiaro _____

_____

c. regolare _____

D. Formulare frasi di senso compiuto, usando gli elementi suggeriti e coniugando il verbo in forma passiva. *[The passive voice, p. 479]*

A	B	C
il rappresentante	applaudire	il ristorante
l'opera	scrivere	lo stadio
il palazzo	dire	l'architetto
la signorina	accompagnare	il signore
i biglietti	comprare	Puccini
il tenore	disegnare	Michele
	eleggere	la gente
	comporre *(compose)*	il botteghino

1. _____

2. _____

3. _____

4. _____

5. _____

6. _____

E. Formulare frasi con le parole indicate, coniugando il verbo in forma passiva. *[The passive voice, p. 479]*

> libri / vendere / Paolo   *I libri saranno venduti da Paolo.*

1. film / dirigere *(to direct)* / Antonioni

_____

2. inquinamento / discutere / professori

_____

3. spaghetti / preparare / mamma

_____

4. feste / celebrare / amici

_____

5. registratore / usare / Marta

_____

6. telegiornale / guardare / telespettatori

_____

F. Mettere in rilievo *(Point out)* chi o che cosa riceve l'azione, trascrivendo le seguenti frasi nella voce passiva. *[The passive voice, p. 479]*

> La gente ha causato l'inquinamento.   *L'inquinamento è stato causato dalla gente.*

1. Pietro ha fatto poco per il miglioramento dell'ambiente.

   _____

2. La pioggia *(rain)* ha distrutto *(destroyed)* i monumenti.

   _____

3. Il vigile ha salvato il bambino dal fuoco *(fire)*.

   _____

4. Il governo ha fatto programmi a favore dell'ecologia.

   _____

5. Il moderatore ha cominciato il dibattito.

   _____

6. Le case circondano il lago inquinato.

   _____

G. Rispondere alle seguenti domande, usando la costruzione impersonale con *si.* *[Impersonal constructions with si, p. 481]*

1. Perché si va al museo?

   _____

2. Cosa si prende in un bar italiano?

   _____

3. Come si mangia al ristorante Tre Scalini?

   _____

4. Che si fa in una macelleria?

   _____

5. Cosa si fa a casa sua alle sei di sera?

   _____

H. Paragoni alcune attività ed esperienze della sua generazione *(generation)* con quelle della generazione dei suoi genitori. Usi la costruzione impersonale con *si*. *[Impersonal constructions with si, p. 481]*

preferire	vedere	ascoltare	chiedere
insegnare	fare	studiare	vendere

> *Nel passato si preferiva la musica classica, ora si preferisce la musica popolare.*

1. _____

2. _____

3. _____

4. _____

5. _____

6. _____

I. Immagini di possedere un palazzo di otto piani e di affittare gli appartamenti alle seguenti persone. Dica a quale piano ognuno abita. Noti che pianterreno vuole dire *ground floor*. *[Ordinal numbers, p. 483]*

> Carla Clausi   *Carla Clausi abita al nono piano.*

1. Marta Mariani ed i suoi figli

_____.

2. Cecilia Rossi ed i suoi nonni

_____.

3. Alberto Donato ed il suo cane

_____.

4. i signori Martelli

_____.

5. l'artista Giovanni Peri

_____.

6. l'ingegner Toscano

_____.

7. il pilota Giorgio Giustini

_____.

8. gli studenti spagnoli

_____.

l'ingegner Toscano ⑩

Carla Clausi ⑨

i signori Martelli ⑧

la signora Giannini ⑦

il pilota Giorgio Giustini ⑥

Alberto Donato ⑤

Giovanni Peri ④

Marta Mariani ③

la professoressa di francese ②

Cecilia Rossi ①

PIANTERRENO
due studenti spagnoli

IV. Componimento

J. Scrivere una breve descrizione di 40 parole per ognuno dei seguenti argomenti *(topics)*, usando la costruzione impersonale con *si*.

1. Nella mia città si vedono molte cose interessanti . . .

    _____

    _____

    _____

    _____

    _____

2. A casa mia la sera si mangia bene e si discute di molte cose . . .

    _____

    _____

    _____

    _____

    _____

3. Per eliminare l'inquinamento ci sono alcune cose che si devono fare ed evitare *(avoid)* . . .

    _____

    _____

    _____

    _____

    _____

Lab Manual

To the student

This part of the workbook for OGGI IN ITALIA, *Third Edition* contains the lab manual worksheets that correspond to selected activities in the tape program. Each taped lesson has a worksheet for those activities that require both listening and writing. You will be instructed on the tape to look in your lab manual when necessary.

The following list contains expressions and commands frequently used in the tape program.

Ascoltate il dialogo.	Listen to the dialogue.
Adesso ripetete.	Now repeat.
Ascoltate un altro dialogo.	Listen to another dialogue.
Ascoltate l'esempio.	Listen to the example.
Adesso cominciamo.	Now let's begin.
Pronti? Cominciamo.	Ready? Let's begin.
Ripetete la frase modello.	Repeat the model sentence.
Poi sostituite le parole indicate.	Then substitute the words indicated.
Cominciamo.	Let's begin.
Esempio.	Example.
Ascoltate.	Listen.
Ripetete.	Repeat.
Ripetete le seguenti frasi.	Repeat the following sentences.

Lezione preliminare

Attività 8. Vero o falso?
You will hear six statements based on the dialogue. Check *vero* if the statement is true; check *falso* if it is false.

	1	2	3	4	5	6
vero	✓	___	___	✓	✓	___
falso	___	✓	✓	___	___	___

Attività 11. L'alfabeto italiano
You will hear six words being spelled out. Write them in the spaces indicated.

1. _ _ _ _ _ _ _

2. _ _ _ _ _ _ _

3. _ _ _

4. _ _ _ _ _ _ _

5. _ _ _ _

6. _ _ _ _ _ _ _ _ _ _

Attività 13. I Numeri da 0 a 20
You will hear seven numbers; write them in Arabic numerals in the spaces indicated.

1. _____   2. _____   3. _____   4. _____

5. _____   6. _____   7. _____

Attività 14. I Numeri da 0 a 20
You will hear seven numbers. Spell them out in the spaces indicated.

1. _____   2. _____   3. _____   4. _____

5. _____   6. _____   7. _____

Attività 15. Parole analoghe
You will hear eight English words. Complete the corresponding Italian cognates that are partially reproduced below.

1. __ a __ __ s o

2. u __ i __ __ r __ i __ __

3. i __ __ e r __ s __ __ __ t __

4. __ e __ i __ n __

5. i __ f __ r __ a __ __ o __ e

6. d __ f __ i c __ l __ __

7. n a __ __ o __ a __ __

8. s __ __ d i __ r __

Attività 16. Espressioni geografiche
You will hear eight geographic expressions. Match each expression with one of the expressions below by writing the appropriate number in the space indicated.

___ a. le Alpi   ___ b. la Sicilia   ___ c. Roma   ___ d. la Lombardia

___ e. il Mediterraneo   ___ f. Napoli   ___ g. il Po   ___ h. l'Italia

Lezione 1ª   Lei come si chiama?

Attività 2. Vero o falso?
You will hear five statements based on the monologues. Check *vero* if the statement is true; check *falso* if it is false.

	1	2	3	4	5
vero	___	___	___	___	___
falso	___	___	___	___	___

Attività 4. Pronuncia: I suoni delle vocali
    americana, Anna, pratica, bene, come, legge, medicina, venti,
    signore, sono, Torino, Roberto, Ugo, studente, università

Listen to the following proverb. Only the consonants are reproduced below. Based on what you hear, fill in the spaces with the appropriate vowels. You will hear the proverb twice.

a b u o n   i nt _ nd _ t _ r   p o ch e   p a r o l e

Ampliamento del vocabolario

Attività 5. I numeri da 21 a 100
Repeat the following groups of numbers.
2 / 20 / 22   5 / 50 / 55
3 / 30 / 33   6 / 60 / 66
4 / 40 / 44

Attività 6. I numeri da 21 a 100
You will hear the phone numbers of some of your friends. Write the Arabic numerals in the spaces provided below.

> Marco: _45 - 71 - 99_

1. Tiziana: 77 - 64 - 33
2. Giulia: 21 - 53 - 41 - ___
3. Maurizio: 6 - 85 - 91 - 55

4. Giuliano: 5 - 67 - 39 - 48
5. Anna: 2 - 97 - 36 - 72
6. Luigi: 82 - 24 - 16

Attività 7. I numeri da 21 a 100
You will hear eight sentences that tell how old some people are. Spell out the numbers indicating age in the space provided below. You will hear each sentence twice.

> Paolo: _ventinove_

1. Raffaele: trentadue 32
2. Laura: quarantatre 43
3. La sorella di Giorgio: sessanotto 68
4. L'amico di Vittorio: settanotto 78

5. Il professore: trentanove 39
6. La signora Cosimi: settanta cinque 75
7. Daniele: trenta sei 36
8. Il signor Mele: ottantanove 89

Attività 9. Che cos'è?

There are ten objects shown below. As you hear the names of the objects, put the number of each object mentioned in the space next to the appropriate picture. You will hear each word twice.

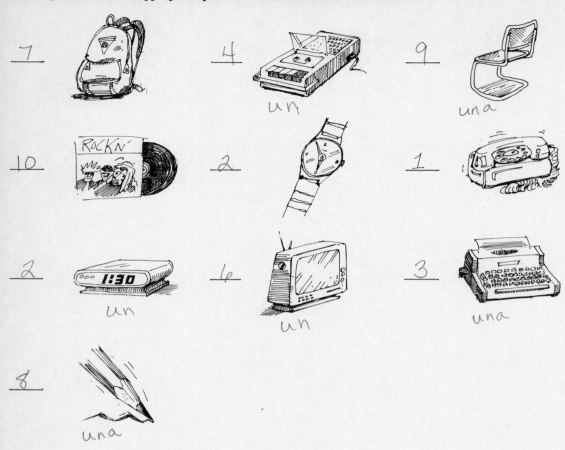

Struttura ed uso

Attività 10. Presente di *essere*

You will hear six sentences. Place a check under the subject pronoun below that corresponds to the verb form in each sentence.

	io	tu	lei/lui/lei	noi	voi	loro/loro
>		√				
1.				√		
2.					√	
3.						√
4.			√			
5.		√				
6.	√					√

Attività 11. Sostantivi: singolare e plurale

You will hear ten words. Decide whether each word is *singular* or *plural* and mark the appropriate space below.

	Ex.	1	2	3	4	5	6	7	8	9	10
singular		√		√	√	√			√		√
plural	√		√	√			√	√	√		

Attività 13. Dettato
Listen to the following paragraph, which will be read three times. Now write the paragraph below.

Carla _e una studentes_ italiana. _È di_ Cuneo _e ah_ diciannove _anni_. Frequenta

L'universita Torino _____. _____ anche _____ minuti

_____ Menotti. Carla _____ sempre _____.

Attività 14. Ascoltare e capire
You will hear six questions and sentences, each one followed by a response. Indicate whether the response is logical by checking the row *logica* below.

	1	2	3	4	5	6
logica	___	___	___	___	___	___

Lezione 2ª   Chi è lei?

Attività 2. Vero o falso?
You will hear five statements based on the monologues. Check *vero* if the statement is true; check *falso* if it is false.

	1	2	3	4	5
vero	___	___	___	___	___
falso	___	___	___	___	___

Attività 4. Pronuncia: Sillabazione e accento tonico
   Carolina, Roberto, studia, abita, matematica, Milano
   studentessa, americano, culturale, abito, dialogo, prendere
   università, facoltà, maturità, città
   telefonano, abitano, desiderano

Proverbio. Listen to the following proverb. Divide the words into syllables as you write the proverb below. You will hear the proverb twice.

_____ - _____   ____   _____ - ____   _____ - ___ - ___   ____   _____ - ___

Ampliamento del vocabolario

Attività 7. Corsi di studio
You will hear names of several people, objects, or topics. Indicate below which course of study you would most likely associate with each name.

1. ___ matematica; ___ storia; ___ biologia
2. ___ chimica; ___ filosofia; ___ musica
3. ___ arte; ___ economia; ___ sociologia
4. ___ antropologia; ___ russo; ___ matematica
5. ___ scienze politiche; ___ letteratura; ___ russo
6. ___ architettura; ___ informatica; ___ scienze
7. ___ fisica; ___ tedesco; ___ psicologia

Attività 8. Nomi che finiscono in -*ia*
You will hear six English words. Write their Italian equivalents in the spaces provided below.

> *biologia*

1. _____   3. _____   5. _____
2. _____   4. _____   6. _____

Attività 9. Presente di *avere*

You will hear six sentences with *avere*. After each sentence, check the subject pronoun in your lab manual that corresponds to the verb used.

	io	tu	lei/lui/lei	noi	voi	loro/loro
>	__	__	__	__	__	√
1.	__	__	__	__	__	__
2.	__	__	__	__	__	__
3.	__	__	__	__	__	__
4.	__	__	__	__	__	__
5.	__	__	__	__	__	__
6.	__	__	__	__	__	__

Attività 10. Articolo determinativo

You will hear six statements. Write the definite article you hear in each statement.

> _i_

1. _____   4. _____

2. _____   5. _____

3. _____   6. _____

Attività 13. Dettato

_____ Laura Pastore _____ Umberto. _____ laurea

_____ insegno al _____ Enrico Fermi _____

Catania. _____ invece _____ insegna

all'_____ Palermo. _____ sposata _____ figlio che frequenta

_____ . _____ fratello _____ figli.

Attività 14. Ascoltare e capire

You will hear six questions or statements, each one followed by three responses. Indicate the correct response by checking *a, b,* or *c.*

	1	2	3	4	5	6
a	__	__	__	__	__	__
b	__	__	__	__	__	__
c	__	__	__	__	__	__

Lezione 3ª   Che cosa fai di bello?

Attività 2. Vero o falso?
You will hear five statements based on the dialogue. Check *vero* if the statement is true; check *falso* if it is false.

	1	2	3	4	5
vero	___	___	___	___	___
falso	___	___	___	___	___

Attività 4. Pronuncia. Il suono della lettera *h*
        chi, chiamo, che, perché, analoghe, larghi

You will hear four sentences. Write each one below, being careful to include the letter *h* when appropriate. You will hear each sentence twice.

1. _____

2. _____

3. _____

4. _____

Ampliamento del vocabolario

Attività 6. Preposizioni semplici
You are going to hear seven incomplete sentences. For each sentence, check the correct completion below and say the complete sentence.

> ___ a. allo stadio	___ b. a Luigi	√ c. di Stefano *Il libro è di Stefano.*
1. ___ a. all'università	___ b. a più tardi	___ c. a Bologna
2. ___ a. con la madre	___ b. il gelato	___ c. a stasera
3. ___ a. di Carolina	___ b. d'accordo	___ c. per telefonare
4. ___ a. per le due	___ b. in banca	___ c. in via Appia
5. ___ a. in un cappuccino	___ b. da Napoli	___ c. da occupato
6. ___ a. per mia moglie	___ b. per espresso	___ c. in esame
7. ___ a. fra un minuto	___ b. tra il libro ed il dizionario	___ c. con l'albergo

                   Lab Manual Lezione 3ª

Attività 8. Presente dei verbi regolari in -*are*

You will hear six sentences containing -*are* verbs. After each sentence, check the subject pronoun that corresponds to the verb.

	io	tu	lei/lui/lei	noi	voi	loro/loro
>	__	__	__	√	__	__
1.	__	__	__	__	__	__
2.	__	__	__	__	__	__
3.	__	__	__	__	__	__
4.	__	__	__	__	__	__
5.	__	__	__	__	__	__
6.	__	__	__	__	__	__

Attività 10. Le espressioni *c'è* e *ci sono*

You will hear eight nouns. Choose either *c'è* or *ci sono* to form a complete sentence.

	Ex.	1	2	3	4	5	6	7	8
c'è	√	__	__	__	__	__	__	__	__
ci sono	__	__	__	__	__	__	__	__	__

Attività 11. Dettato

You will hear six pairs of questions and answers. Each question will be repeated twice. During the pause, write the answer you heard below.

> *Niente di speciale.*

1. _____   4. _____

2. _____   5. _____

3. _____   6. _____

Attività 12. Ascoltare e capire

You will hear a telephone conversation between Luca and Valeria. You will hear the conversation twice. Then you will hear four questions about the conversation. Check the letter of the most appropriate response to each question below.

1. ___ a. in città   ___ b. in biblioteca   ___ c. al centro

2. ___ a. due libri   ___ b. un libro   ___ c. un giornale

3. ___ a. per gli esami di matematica   ___ b. per andare in biblioteca   ___ c. per gli esami di storia

4. ___ a. fra cinque minuti   ___ b. fra quindici minuti   ___ c. fra dodici minuti

     Lab Manual   **Lezione 3ª**

Lezione 4ª   Cosa prendono i signori?

Attività 2. Vero o falso?
You will hear five statements based on the dialogue. Check *vero* if the statement is true; check *falso* if it is false.

	1	2	3	4	5
vero	___	___	___	___	___
falso	___	___	___	___	___

Attività 4. Pronuncia: Consonanti doppie
> contesa, contessa; tufo, tuffo; sono, sonno; copia, coppia; fato, fatto;
> sera, serra; cadi, caddi; soma, somma; pala, palla

Filastrocca. You are going to hear a nonsense rhyme, which is partially reproduced below. Complete the rhyme with the missing words. You will hear the rhyme twice.

Apelle, figlio di Apollo,

fece una _____ di _____ di _____.

_____ i pesci _____ a _____

per vedere la _____ di _____ di _____,

_____ da _____, figlio di _____.

Ampliamento del vocabolario

Attività 6. Alcune espressioni di tempo
You will hear seven sentences containing time expressions. Indicate whether each statement is logical by checking the row *logica* below.

	1	2	3	4	5	7
logica	___	___	___	___	___	___

Attività 7. Presente dei verbi regolari in *-ere* ed *-ire*

You will hear ten sentences containing *-ere* or *-ire* verbs. Indicate which sentences contain verbs ending in *-ere* and which contain verbs ending in *-ire* by checking the appropriate column below.

	-ere	-ire			-ere	-ire
>	√	___				
1.	___	___		6.	___	___
2.	___	___		7.	___	___
3.	___	___		8.	___	___
4.	___	___		9.	___	___
5.	___	___		10.	___	___

Attività 8. Formulare le domande in italiano

You will hear four questions. After each question you will hear three answers: a, b, and c. Check the letter of each correct answer below. A question may have one, two, or three correct answers.

	a	b	c			a	b	c
>	√	√	___					
1.	___	___	___		3.	___	___	___
2.	___	___	___		4.	___	___	___

Attività 10. Dettato

You will hear five pairs of questions and answers. Each question will be repeated twice. During the pause, write the answer you heard in the space provided below.

> *Lunedì lavoro.*

1. _____

2. _____

3. _____

4. _____

5. _____

Attività 11. Ascoltare e capire

You will hear six questions or statements, each one followed by three responses. Indicate which response is correct by checking a, b, or c below.

1. ___ a ___ b ___ c
2. ___ a ___ b ___ c
3. ___ a ___ b ___ c
4. ___ a ___ b ___ c
5. ___ a ___ b ___ c
6. ___ a ___ b ___ c

Lezione 5ª   Che prezzi!

Attività 2. Vero o falso?
You will hear five statements based on the dialogue. Check *vero* if the statement is *true;* check *falso* if it is false.

	1	2	3	4	5
vero	____	____	____	____	____
falso	____	____	____	____	____

Attività 4. Pronuncia: I suoni /k/ e /č/
perché, Michele, chi, chiama, caro, piccolo, Franco, costume
ricevere, piacere, liceo, centro, dieci, facile, vicino, arrivederci

Proverbi. You are going to hear two proverbs that are partially reproduced below. Listen to them and fill in the spaces with the appropriate letters. You will hear each proverb twice.

Patti __ __ __ ari, ami __ __ __ __ ri.

Lontano dagli o __ __ __ __ , lontano dal __ __ __ r e.

Ampliamento del vocabolario

Attività 6. Caratteristiche personali
You will hear six pairs of descriptive sentences. For each pair, indicate whether the adjectives you hear are opposites by placing a check mark in the space provided.

	1	2	3	4	5	6
opposites	____	____	____	____	____	____

Attività 7. Caratteristiche personali
You will hear nine adjectives. For each adjective, indicate its opposite by writing the number of the adjective you hear beside the appropriate adjective below.

timido ___   sgarbato ___   antipatica ___

audace ___   onesto ___   pigra ___

noioso ___   sincero ___   nervoso ___

Attività 9. Concordanza degli aggettivi qualificativi
You will hear questions about what someone or something is like, followed by incomplete answers. Complete each answer by marking the appropriate form of the adjective given below.

> ___ alto _√_ alta ___ alti ___ alte

1. ___ facile   ___ facili

2. ___ simpatico   ___ simpatici   ___ simpatica   ___ simpatiche

3. ___ elegante   ___ eleganti

4. ___ molto   ___ molta   ___ molti   ___ molte

5. ___ bello   ___ bella   ___ belli   ___ belle

6. ___ brutto   ___ brutta   ___ brutti   ___ brutte

Attività 11. Comprensione.
You will hear an incomplete statement. Below, you see two possible endings. Only one of the endings is correct. Complete the statement you hear by placing a check mark beside the appropriate ending.

	a	b
1.	___ studiare	___ fare le spese
2.	___ ricco	___ povero
3.	___ costumi	___ pesci
4.	___ giovane	___ vecchio
5.	___ un anno	___ stasera
6.	___ snella	___ grassa
7.	___ energico	___ pigro
8.	___ bassi	___ alti

Attività 12. Dettato
Listen to the following paragraph, which will be read three times. Now write the paragraph below.

_____ . _____ Porta Portese

_____ acquisti. _____

_____ pazzeschi.

_____ Marcella _____

Attività 13. Ascoltare e capire
You will hear six questions or statements, each one followed by a response. Indicate whether the response is logical by checking the row *logica* below.

	1	2	3	4	5	6
logica	___	___	___	___	___	___

Lezione 6ª   Ma dove ha preso i soldi?

Attività 2. Vero o falso?
You will hear five statements based on the dialogue. Check *vero* if the statement is true; check *falso* if it is false.

	1	2	3	4	5
vero	___	___	___	___	___
falso	___	___	___	___	___

Attività 4. Pronuncia: Il suono della lettera *r*
radio, ragazza, andare, desidera, trova, grazie, Franco, frequento
arrivederci, Inghilterra, birra, arrivare, carriera, terra, Corrado, Ferrari

Proverbio. You are going to hear a proverb read twice. Write the proverb in the space provided.

_____

Ampliamento del vocabolario

Attività 7. Le stagioni ed i mesi dell'anno
Now you will hear some sentences based on the seasons and months of the year. Indicate whether each sentence is logical by checking the row *logica* below.

	1	2	3	4	5	6	7	8
logica	___	___	___	___	___	___	___	___

Struttura ed uso

Attività 9. Il passato prossimo
You will hear eight pairs of sentences. In each pair, one sentence is in the present tense and one is in the present perfect. Indicate which is in the present perfect by checking the appropriate column, a or b.

	a	b			a	b
>	___	√				
1.	___	___		5.	___	___
2.	___	___		6.	___	___
3.	___	___		7.	___	___
4.	___	___		8.	___	___

Attività 12. Imperativo dei verbi regolari

You will hear eight sentences. Indicate which form of the imperative you hear for each sentence, *tu, noi,* or *voi*.

	tu	noi	voi
>	___	___	√
1.	___	___	___
2.	___	___	___
3.	___	___	___
4.	___	___	___

	tu	noi	voi
5.	___	___	___
6.	___	___	___
7.	___	___	___
8.	___	___	___

Attività 13. Dettato

Listen to the following paragraph, which will be read three times. Now write the paragraph below.

_____ Stati Uniti. _____

_____ nove _____ rimasto_____

_____. _____ interessanti _____

conosciuto _____ simpatici. _____

tornato _____ agosto.

Attività 14. Ascoltare e capire

You will hear a short paragraph. There are five statements below. Indicate whether each statement is *correct*, *incorrect*, or contains *information not given*, according to the paragraph. You will hear the paragraph twice.

	correct	incorrect	information not given
1. Sergio non gioca mai al totocalcio.	___	___	___
2. Domenica Sergio ha vinto un po' di soldi.	___	___	___
3. Sergio ha voglia di andare negli Stati Uniti.	___	___	___
4. Il povero giovane non è stato fortunato abbastanza.	___	___	___
5. Domani Sergio va a comprare un computer di marca giapponese.	___	___	___

Lezione 7ª   Il mercato all'aperto

Attività 2. Vero o falso?
You will hear five statements based on the dialogue. Check *vero* if the statement is true; check *falso* if it is false.

	1	2	3	4	5
vero	____	____	____	____	____
falso	____	____	____	____	____

Attività 4. Pronuncia: I suoni della lettera *s*

sei, pasta, settimana, disco, adesso, benissimo, classe, studentessa,
spesa, casa, usato, risultato, sbagliare, sdoppiare, slitta, sveglia

Proverbi. You are going to hear two proverbs that are partially reproduced below. Listen to them and fill in the blanks with the appropriate words or letters. You will hear each proverb twice.

_____ ____ 'impara

Non c'è _____ _____ _____.

Ampliamento del vocabolario

Attività 6. I numeri da cento in poi
You are going to hear eight phrases containing numbers. Write the numeral of the numbers you hear in the space provided.

>   *150*

1. _____ 2. _____ 3. _____ 4. _____

5. _____ 6. _____ 7. _____ 8. _____

Attività 7. Gli alimentari, la verdura e la frutta
You will hear eight words. Decide in which category each word or group of words belongs -- *alimentari, verdura,* or *frutta* -- and mark the appropriate space below.

	alimentari	verdura	frutta
1.	____	____	____
2.	____	____	____
3.	____	____	____
4.	____	____	____
5.	____	____	____
6.	____	____	____
7.	____	____	____
8.	____	____	____

Attività 8. Gli alimentari, la verdura e la frutta
You will hear eight questions or statements, each containing a word referring to *alimentari*, *verdura*, or *frutta*. Write the word you hear in the space provided. You will hear each sentence twice.

>   _formaggio_

1. _____   3. _____   5. _____   7. _____

2. _____   4. _____   6. _____   8. _____

Struttura ed uso

Attività 9. Aggettivi dimostrativi *questo* e *quello*
You will hear six questions. Answer each question using the appropriate demonstrative, and mark the answer below. You will hear each question twice.

> Quello ___ Quella _√_ Quelle ___ penna è della signorina Baldi.

1. ___ Questa ___ Questo ___ Queste sedie sono di Laura.

2. ___ Quell' ___ Quegli ___ Quella orologio è di Tonio.

3. Sì, ___ quella ___ ___ quelle ___ quel bicicletta è nuova.

4. No, ___ quello ___ quelle ___ quell'uva è di Barbara.

5. No, preferisco ___ queste ___ questa ___ questo mela.

6. Perché ___ questa ___ questi ___ questo caffè è caldo.

Attività 10. Verbi riflessivi
You will hear two sentences that are quite similar. One of these sentences is in the reflexive; the other is not. Indicate which sentence is reflexive.

	a	b			a	b
>	___	√				
1.	___	___		4.	___	___
2.	___	___		5.	___	___
3.	___	___		6.	___	___

Attività 12. Dettato
Listen to the following passage, which will be read three times. Now write the paragraph below.

_____ mattina _____ fare _____

_____ all'aperto _____ casa nostra.

_____ un chilo _____, un chilo _____

mezzo chilo _____. _____ anche _____

_____, ma ha

_____.

Lezione 8ª   Chi mi accompagna?

Attività 2. Vero o falso?
You will hear five statements based on the dialogue. Check *vero* if the statement is true; check *falso* if it is false.

	1	2	3	4	5
vero	___	___	___	___	___
falso	___	___	___	___	___

Attività 4. Pronuncia: I suoni delle lettere *sc*
     esce, scientifico, lasciare, uscire, prosciutto, preferisce, preferisci, pesce, scopa, scusa,
     scoprire, scolorito, pesca, discutere, ascoltare, subisco, pesche, scherzi, pazzeschi, tedeschi

Proverbi. You are going to hear two proverbs that are partially reproduced below. Listen to them and fill in the blanks with the appropriate words. You will hear each proverb twice.

     Da cosa _____ cosa.

     In bocca chiusa non entrano _____.

Ampliamento del vocabolario

Attività 6. La famiglia ed i parenti
You will hear seven descriptive phrases or sentences. For each phrase or sentence, mark the appropriate definition by checking a, b, or c. You will hear each item twice.

> ___ a. le mie zie	√ b. i miei cugini	___ c. le mie sorelle
1. ___ a. È interessante.	___ b. Abita al centro.	___ c. È celibe.
2. ___ a. mia zia	___ b. mia cognata	___ c. mia nipote
3. ___ a. una coppia	___ b. i parenti	___ c. sono nubili
4. ___ a. È nubile.	___ b. È una coppia.	___ c. Vuole divorziare.
5. ___ a. Sono parenti.	___ b. Sono divorziati.	___ c. Non sono fidanzati.
6. ___ a. mio zio	___ b. mio nonno	___ c. mio genero
7. ___ a. i suoi genitori	___ b. i miei parenti	___ c. si fidanzano

Attività 8. Lei guida?
You will hear eight questions or statements. Indicate whether each is logical by checking the row *logica* below.

	1	2	3	4	5	6	7	8
logica	___	___	___	___	___	___	___	___

Attività 10. Pronomi possessivi

You will hear a question. Then you will hear two answers. Indicate below whether the two answers are equal or different in meaning.

	Equal	Different		Equal	Different
>	√	___			
1.	___	___	4.	___	___
2.	___	___	5.	___	___
3.	___	___			

Attività 11. Pronomi complemento diretto

You will hear eight pairs of questions and answers. Indicate whether the answer contains a direct-object pronoun or a direct object noun. You will hear each question and answer twice.

	Direct-object pronoun	Direct object
>	√	___
1.	___	___
2.	___	___
3.	___	___
4.	___	___
5.	___	___
6.	___	___
7.	___	___
8.	___	___

Attività 12. Dettato

You will hear a question and an answer. Then you will hear the question again. During the pause, write the answer you heard in the space provided.

> _____ *Guido lentamente.* _____

1. _____

2. _____

3. _____

4. _____

5. _____

Lezione 9ª   Ti scrivo da Perugia

Attività 2. Vero o falso?
You will hear five statements based on the *lettura*. Check *vero* if the statement is true; check *falso* if it is false.

	1	2	3	4	5
vero	____	____	____	____	____
falso	____	____	____	____	____

Attività 4. Pronuncia: I suoni della lettera *g*
prego, ragazzo, Liguria, lunghe, laghi, alberghi,
gennaio, gente, gentile, suggerire, oggetto, oggi

Proverbi. You are going to hear two proverbs. Write them in the spaces provided below. You will hear each proverb twice.

_____

_____

Ampliamento del vocabolario

Attività 5. Che tempo fa?
You are going to hear six weather expressions. Match them with the most appropriate expressions below by writing the number in the space provided. You will hear each expression twice.

___ a. Fa molto caldo.   ___ d. È nuvoloso e c'è la nebbia.

___ b. È primavera.   ___ e. È inverno.

___ c. È sereno e fa caldo.   ___ f. Piove e tira vento.

Attività 6. Alcune espressioni di tempo con *volta, di, ogni, tutti, tutte*
You are going to hear eight questions. Check the most appropriate response for each question in the spaces provided. You will hear each question twice.

1. ___ a. Tutti i giorni.   ___ b. Una volta all'anno.

2. ___ a. Ogni primavera.   ___ b. Una volta ogni tanto.

3. ___ a. Tutte le sere.   ___ b. Ogni anno.

4. ___ a. Di quando in quando.   ___ b. Insieme.

5. ___ a. Lentamente.   ___ b. Ogni estate.

6. ___ a. Qualche volta.   ___ b. A proposito.

7. ___ a. Di rado.   ___ b. Di notte.

8. ___ a. Di parecchi gradi.   ___ b. A volte.

Attività 7. L'imperfetto

You will hear eight sentences in the imperfect, expressing an action in the past. Indicate the general meaning of each sentence by checking a, b, or c. You will hear each sentence twice.

	Ex.	1	2	3	4	5	6	7	8
a. indefinite action in the past	√	___	___	___	___	___	___	___	___
b. habitual action	___	___	___	___	___	___	___	___	___
c. interrupted action in progress	___	___	___	___	___	___	___	___	___

Attività 10. Pronomi relativi *che* e *cui*

You will hear ten sentences. Indicate below whether each sentence has a relative pronoun. You will hear each sentence twice.

	Sì	No			Sì	No
>	√	___				
1.	___	___		6.	___	___
2.	___	___		7.	___	___
3.	___	___		8.	___	___
4.	___	___		9.	___	___
5.	___	___		10.	___	___

Attività 11. Dettato

Listen to the following passage, which will be read three times. Now write the paragraph below.

L'estate _____, quando _____ spesso

_____. Qualche volta _____

_____. _____vari

paesi _____nei dintorni _____ fotografie.

_____ in giro

_____ caratteristici _____ ceramiche _____.

_____ quasi sempre _____. Raramente _____,

ma _____.

Pronto

Lezione 10ª   Un matrimonio elegante

Attività 2. Vero o falso?
You will hear five statements based on the dialogue. Check *vero* if the statement is true; check *falso* if it is false.

	1	2	3	4	5
vero	__	__	__	__	__
falso	__	__	__	__	__

Attività 4. Pronuncia: Il suono *gli*
gli, figli, agli, egli, biglietto, fogli, maglia, famiglia, abbigliamento, bottiglia, Cagliari, sbagliare

Proverbi. You are going to hear two proverbs that are partially reproduced below. Listen to them and fill in the blanks with the missing words. You will hear each proverb twice.

_____ tardi che mai.

Tale il padre tale il _____.

Ampliamento del vocabolario

Attività 5. I capi di vestiario, i tessuti ed i materiali, ed espressioni utili
You will hear eight nouns referring to clothing. Write the plural of each noun below. You will hear each noun twice.

> *le cravatte*

1. _____   3. _____   5. _____   7. _____

2. _____   4. _____   6. _____   8. _____

You will hear six sentences containing some useful expressions referring to clothing. Indicate whether each sentence is logical by checking the row *logica* below. You will hear each sentence twice.

	1	2	3	4	5	6
logica	__	__	__	__	__	__

Struttura ed uso

Attività 7. Contrasto fra l'imperfetto ed il passato prossimo
You will hear eight sentences with verbs in the imperfect tense or the present perfect tense. Indicate whether the verb is in the imperfect or in the present perfect. You will hear each sentence twice.

	Ex.	1	2	3	4	5	6	7	8
imperfect	√	__	__	__	__	__	__	__	__
present perfect	__	__	__	__	__	__	__	__	__

Attività 10. Dettato

You are going to hear the first part of a sentence followed by two possible completions. Then the first part of the sentence will be repeated. Write the first part of the sentence in front of the appropriate completion below.

> a. _____ un libro di tedesco.

   b.   *Al ricevimento c'era*_____ un bel po' di gente.

1. a. _____ era tutto emozionato.

   b. _____ non avveva l'anello.

2. a. _____ un tipo simpatico.

   b. _____ per lo meno cento persone.

3. a. _____ un bel po'.

   b. _____ tutto.

4. a. _____ la musica rock?

   b. _____ la gonna nera?

5. a. _____ prima di ballare.

   b. _____ fino alle tre.

Attività 11. Ascoltare e capire

You are going to hear some sentences based on what you just heard. Indicate whether they are true or false by marking *vero* or *falso*.

	1	2	3	4	5	6	7
vero	____	____	____	____	____	____	____
falso	____	____	____	____	____	____	____

Lezione 11ª   Fine-settimana sulla neve

Attività 2. Vero o falso?
You will hear five statements based on the dialogue. Check *vero* if the statement is true; check *falso* if it is false.

	1	2	3	4	5
vero	___	___	___	___	___
falso	___	___	___	___	___

Attività 4. Pronuncia: Il suono *gn*

signore, signorina, montagna, bisogna, cognome, cognato, spagnolo, Spagna

Proverbi. You are going to hear two proverbs that are partially reproduced below. Listen to them and fill in the blanks with the missing words. You will hear each proverb twice.

Al _____ si conosce l'amico.

_____ medaglia ha il suo rovescio.

Ampliamento del vocabolario

Attività 7. Oggetti personali utili
You are going to hear the names of seven activities. There is a list of seven objects below. Match each activity with the appropriate object by placing the number of the activity in the appropriate space. You will hear each phrase twice.

___ il sapone; ___ il pettine; ___ l'asciugamano; ___ l'asciugacapelli; ___ le forbici; ___ il rasoio; ___ il dentifricio

Struttura ed uso

Attività 8. Pronomi complemento indiretto
You will hear a question followed by two possible responses. Then the question will be repeated. Select the appropriate answer, a or b, below.

> √ a. Non ti ho detto niente.

___ b. Non mi hai detto niente.

1. ___ a. Sì, le piace il gelato.
   ___ b. No, non ci piace il gelato.

2. ___ a. Sì, ti ha dato il libro.
   ___ b. Sì, mi ha dato il libro.

3. ___ a. Ci sembra un posto bello.
   ___ b. Gli sembra un posto bello.

4. ___ a. Sì, devo telefonarle oggi.
   ___ b. Sì, devo telefonargli oggi.

5. ___ a. Sì, abbiamo mandato loro il pacco.
   ___ b. Sì, ti abbiamo mandato il pacco.

6. ___ a. Ti scriveranno presto.
   ___ b. Mi scriveranno presto.

7. ___ a. Pietro ci ha preparato il caffè.
   ___ b. Pietro vi ha preparato il caffè.

Attività 10. Futuro semplice

You will hear eight sentences containing verbs in the future. Indicate below whether the verb is regular or irregular. You will hear each sentence twice.

	Ex.	1	2	3	4	5	6	7	8
regular	√	___	___	___	___	___	___	___	___
irregular	___	___	___	___	___	___	___	___

Attività 11. Dettato

You are going to hear a question and an answer. Then you are going to hear the question again. During the pause, write the answer that you heard in the space provided.

>   _No, non mi piacciono molto._

1. _____   4. _____

2. _____   5. _____

3. _____

Attività 12. Ascoltare e capire

Write one- or two-word answers that complete the following phrases according to the *Nota culturale*. You will hear each phrase twice.

1. _____   4. _____

2. _____   5. _____

3. _____

Lezione 12ª   Che partita è in programma?

Attività 2. Vero o falso?
You will hear five statements based on the dialogue. Check *vero* if the statement is true; check *falso* if it is false.

	1	2	3	4	5
vero	____	____	____	____	____
falso	____	____	____	____	____

Attività 4. Pronuncia: I suoni della lettera z
   zio, calze, piazza, bellezza, zero, zaino, azzurro, mezzo

Proverbi. You are going to hear two proverbs that are partially reproduced below. Listen to them and fill in the blanks with the appropriate words. You will hear each proverb twice.

_____ è il padre dei _____.

Dal dire al fare c'è di _____ il mare.

Ampliamento del vocabolario

Attività 6. Nomi che finiscono in -ma
You are going to hear seven words. If they are in the singular, you write them in the plural, and vice-versa. You will hear each word twice.

>   *i climi; il teorema*

1._____   3._____   5._____   7._____

2._____   4._____   6._____

Struttura ed uso

Attività 7. Due pronomi complemento
You will hear a question followed by two possible responses. Then the question will be repeated. Choose the correct answer by checking *a* or *b* below.

>   √   a. Sì, glielo chiedo.

       ____   b. Sì, me lo chiede.

1.   ____   a. Sì, glieli puoi mandare.

       ____   b. Sì, me li puoi mandare.

2.   ____   a. No, non dobbiamo affrettarci.

       ____   b. No, non devo affrettarmi.

3. ___ a. Te lo paga Tina.

    ___ b. Glielo pago io.

4. ___ a. Sì, ve li ho chiesti.

    ___ b. Sì, ce li hai chiesti.

5. ___ a. No, non gliela prepara.

    ___ b. No, non me la prepara.

6. ___ a. Sì, le scrivono loro.

    ___ b. Sì, te le scrivono.

7. ___ a. No, non lo voglio bere.

    ___ b. No, non le voglio bere.

Attività 9. Dettato

Listen to the following passage, which will be read three times. Now listen again and write the paragraph below.

Forse _____ andare _____

_____ , _____ prima _____

_____ Giuseppe _____ .

Quando _____ un mese fa, _____

_____ con molto anticipo _____

_____ accontentarci _____ scomodi. _____

_____ al più presto. _____ a quest'ora?

Attività 10. Ascoltare e capire

Now you are going to hear five questions about the *Nota culturale*. Each question is followed by three answers. Check the correct answer below.

1. ___ a. la pallacanestro

    ___ b. il calcio

    ___ c. il tennis

2. ___ a. Anche alle donne piace questo gioco.

    ___ b. Solo gli uomini.

    ___ c. Per lo più, uomini e bambini.

3. ___ a. il pattinaggio

    ___ b. l'alpinismo

    ___ c. il ciclismo

4. ___ a. una gara della squadra nazionale

    ___ b. una corsa di ciclisti che attraversa tutta la penisola

    ___ c. una squadra di calcio femminile

5. ___ a. Ciclisti italiani e stranieri

    ___ b. Solo ciclisti italiani

    ___ c. Uomini, donne e bambini

Lezione 13ª   Cento di questi giorni

Attività 2. Vero o falso?
You will hear five statements based on the dialogue. Check *vero* if the statement is true; check *falso* if it is false.

	1	2	3	4	5
vero	___	___	___	___	___
falso	___	___	___	___	___

Attività 3. Pronuncia: Il suono della lettera *t*
teatro, telefono, tornare, torta, televisione, appetito, subito, partita, politica, fratello, biglietto, sette, otto, mattina, dottore, tutti, spaghetti, prosciutto, letto, attenzione

Proverbi. You are going to hear two proverbs, which are partially reproduced below. Listen to them and fill in the blanks with the missing words. You will hear each proverb twice.

Chi _____ un amico, _____ un _____ .

_____ _____ , due _____ _____ .

Ampliamento del vocabolario

Attività 4. Cibi e pasti
You are going to hear some phrases or questions. For each, check the appropriate response below.

1. ___ a. il vitiello   ___ b. il tovagliolo   ___ c. il pasto
2. ___ a. il bicchiere   ___ b. il polipo   ___ c. la colazione
3. ___ a. il posto   ___ b. la tavola   ___ c. il dolce
4. ___ a. la pastasciutta   ___ b. la frutta   ___ c. la cena
5. ___ a. la tazza   ___ b. il cucchiaino   ___ c. il tovagliolo
6. ___ a. l'aragosta   ___ b. la frutta   ___ c. il formaggio
7. ___ a. coltello e forchetta ___ b. bicchiere e tovagliolo ___ c. piatto e cucchiaino
8. ___ a. la forchetta   ___ b. il posto   ___ c. il cucchiaio
9. ___ a. l'agnello   ___ b. il cappuccino   ___ c. i piatti
10. ___ a. la frutta   ___ b. la pastasciutta   ___ c. il pepe

Struttura ed uso

Attività 6. Il condizionale
You will hear two very similar sentences, one in the conditional tense and one in the past tense. Indicate which tense each sentence is in by placing *a* or *b* in the appropriate column.

	Ex.	1	2	3	4	5	6
condizionale	*a*	___	___	___	___	___	___
passato	*b*	___	___	___	___	___	___

Attività 7. Aggettivi e pronomi interrogativi
You will hear eight sentences, some with interrogative adjectives, some with interrogative pronouns. Place a check in the appropriate column, according to each sentence.

	Ex.	1	2	3	4	5	6	7	8
aggettivo	√	___	___	___	___	___	___	___	___
pronome	___	___	___	___	___	___	___	___	___

Attività 10. Avverbi di tempo, luogo, modo e quantità
You will hear eight incomplete sentences, each followed by two possible responses. Indicte the correct response by checking *a* or *b* below.

1. ___ a. a casa
   ___ b. immediatamente
2. ___ a. qui
   ___ b. per favore
3. ___ a. vicino
   ___ b. molto
4. ___ a. abbastanza
   ___ b. felice
5. ___ a. facile
   ___ b. piano
6. ___ a. presto
   ___ b. troppo
7. ___ a. quando
   ___ b. già
8. ___ a. nessuno
   ___ b. mai

Attività 11. Dettato
You are going to hear a question followed by two answers. Write the correct answer in the space provided. You will hear each group of question and answers twice.

1. _____
2. _____
3. _____
4. _____
5. _____
6. _____

Lezione 14ᵃ   In cerca di un appartamento

Attività 2. Vero o falso?
You will hear five statements based on the dialogue. Check *vero* if the statement is true; check *falso* if it is false.

	1	2	3	4	5
vero	____	____	____	____	____
falso	____	____	____	____	____

Attività 3. Pronuncia: Il suono della lettera *l*
     lontano, latte, letto, leggere, lettera, altra, gentile, pulire, colore, elegante
     bello, allegro, allora, velluto, quelli, alla, della, nella, giallo, fratello

Proverbi. You are going to hear two proverbs that are partially reproduced below. Listen to them and fill in the blanks with the appropriate words. You will hear each proverb twice.

Ad ogni _____ _____ suo nido è _____.

_____ non fa _____ monaco.

Ampliamento del vocabolario

Attività 4. La casa
You are going to hear some sentences each containing a word or words pertaining to *la casa*. Write the word or words you hear in the spaces provided.

1. In quest'appartamento ci sono due _____.

2. La _____ di questa casa è molto fredda.

3. In _____ c'è un bel _____.

4. Noi mangiamo quasi sempre in _____.

5. La mia macchina è nel _____.

6. Nel _____ della mia casa c'è un grande _____.

7. Il giornale di oggi è nello _____.

8. La finestra del _____ dà sul _____.

9. La casa di mia nonna è circondata da un bel _____.

10. Non ho ancora pulito quella _____.

Attività 5. I mobili e gli elettrodomestici

You are going to hear ten sentences describing the most appropriate place or use of some pieces of furniture or appliances. Place the number of each sentence next to the appropriate item listed below.

a. ___ quadri e specchi   f. ___ l'asciugatrice

b. ___ la credenza   g. ___ il letto ed il comò

c. ___ l'aspirapolvere   h. ___ il frigorifero

d. ___ le tende   i. ___ gli scaffali e la scrivania

e. ___ l'armadio   j. ___ il divano e le poltrone

Struttura ed uso

Attività 6. Comparativo d'uguaglianza, di maggioranza e di minoranza

You will hear two short statements. Then you will hear two statements making comparisons. Decide whether *a* or *b* means the same as the first two statements and check the appropriate space below.

> ___ a. Mario ha tanti abiti quanto me.

  √ b. Mario ha più abiti di me.

1. ___ a. L'apartamento di Luigi è più piccolo del mio.   4. ___ a. Lo studio è meno comodo del salotto.

    ___ b. L'appartamento di Luigi è grande quanto il mio.   ___ b. Lo studio è comodo quanto il salotto.

2. ___ a. Gina è più simpatica di Carla.   5. ___ a. La Fiat è più veloce della Ferrari.

    ___ b. Gina è meno simpatica di Carla.   ___ b. La Fiat è meno veloce della Ferrari.

3. ___ a. Questa cucina è più nuova di quella.

    ___ b. Quella cucina è vecchia come questa.

Attività 7. Tempi progressivi e il trapassato prossimo

You will hear eight sentences. Indicate whether each sentence is in the progressive or the pluperfect tense by marking the appropriate column below.

	Ex.	1	2	3	4	5	6	7	8
progressivo	___	___	___	___	___	___	___	___	___
trapassato prossimo	√	___	___	___	___	___	___	___	___

Attività 8. Dettato

Listen to the following passage, which will be read three times. Now write the paragraph below.

_____, Garibaldi, _____

_____Ospedale Gemelli, _____

al primo piano. _____

_____, due_____.

_____ ore pasti _____.

Attività 9. Ascoltare e capire
You are going to hear five incomplete sentences. Complete them logically below according to what you heard in the *Nota culturale*. You will hear each item twice.

1. Il principale mezzo d'informazione in Italia è_____.

2. Alcuni giornali italiani sono_____.

3. Due giornali che si pubblicano a Roma sono _____.

4. Il Corriere della Sera si pubblica a_____.

5. L'Europeo, Gente, Grazia e Panorama sono _____.

Lezione 15ª   Perché suonano il clacson?

Attività 2. Vero o falso?

You will hear five statements based on the dialogue. Check *vero* if the statement is true; check *falso* if it is false.

	1	2	3	4	5
vero	___	___	___	___	___
falso	___	___	___	___	___

Attività 3. Pronuncia: Il suono delle lettere *q-u*

quaderno, quando, acqua, quali, quelli, questo, quello, questione,
quindici, qui, liquido, acquistare, quota, quotazione, quotidiano, quorum

Proverbi. You are going to hear two proverbs that are partially reproduced below. Listen to them and fill in the blanks with the missing words. You will hear each proverb twice.

_____ a Roma vai, fa' come vedrai.

_____ passata non macina più.

Ampliamento del vocabolario

Attività 4. I mezzi di trasporto

You are going to hear eight sentences. Decide which means of transportation you would need to go to the place or do the things mentioned, and check the appropriate space, *a* or *b*, below.

1. ___ a. l'aereo
   ___ b. l'autocarro

2. ___ a. il treno
   ___ b. la bicicletta

3. ___ a. l'aereo
   ___ b. il camion

4. ___ a. la barca
   ___ b. il tassì

5. ___ a. l'automobile
   ___ b. la metropolitana

6. ___ a. la nave
   ___ b. la motocicletta

7. ___ a. l'autobus
   ___ b. la metro

8. ___ a. la barca
   ___ b. l'automobile

Struttura ed uso

Attività 6. Comparativo e superlativo

You will hear ten sentences. Indicate whether each sentence is comparative or superlative. You will hear each sentence twice.

	Ex.	1	2	3	4	5	6	7	8	9	10
comparativo	√	___	___	___	___	___	___	___	___	___	___
superlativo		___	___	___	___	___	___	___	___	___	___

Attività 8. Dettato

You will hear a question and an answer. Then you will hear the question again. During the pause, write only the answer below.

> _____*No, è pianista.*_____

1. _____

2. _____

3. _____

4. _____

5. _____

Attività 9. Ascoltare e capire

You are going to hear six incomplete sentences, each followed by three possible completions. Check the appropriate completion below.

1. ___ a. poco usata.

   ___ b. il mezzo di trasporto più diffuso.

   ___ c. sostituita dalla bicicletta.

2. ___ a. dagli anziani.

   ___ b. dalle casalinghe.

   ___ c. dai giovani.

3. ___ a. l'ingorgo automobilistico.

   ___ b. il traffico in campagna.

   ___ c. il parcheggio a pagamento.

4. ___ a. coperte.

   ___ b. strette ed irregolari

   ___ c. molto lunghe

5. ___ a. Napoli, Palermo e Trieste.

   ___ b. Firenze, Roma e Genova.

   ___ c. Roma, Milano e Torino.

6. ___ a. al traffico.

   ___ b. alle isole pedonali.

   ___ c. alla gente ed ai negozi.

Lezione 16ª Il telegiornale

Attività 2. Comprensione
You are going to hear five questions. Decide which of the alternatives mentioned in each question is correct, and mark the appropriate space below.

> _√_ il prezzo della benzina

   ___ il prezzo dei cibi

1. ___ per i prossimi cinque anni   4. ___ a Roma

   ___ per la prossima settimana   ___ a Milano

2. ___ in Africa   5. ___ fra cinque minuti

   ___ in Asia   ___ nel telegiornale della notte

3. ___ per quest'inverno

   ___ per la stagione primavera-estate

Attività 3. Pronuncia: Il suono della lettera *d*
      duomo, decisione, dramma, prevedere, prendere, lunedì
      addio, addizione, aneddoto, reddito, addormentato, suddito

Proverbi. You are going to hear two proverbs that are partially reproduced below. Listen to them and fill in the blanks with the missing words. You will hear each proverb twice.

      _____ con chi vai, e ti _____ chi sei.

      _____, fatto.

Ampliamento del vocabolario

Attività 5. La radio e la televisione
You are going to hear some definitions. Write the correct word or expression being defined. You will hear each definition twice.

>   *il videoregistratore*

1. _____   4. _____   7. _____

2. _____   5. _____   8. _____

3. _____   6. _____

Struttura ed uso

Attività 6. Congiuntivo presente

You will hear a question followed by two possible responses. Then you will hear the question again. Indicate the most appropriate answer, *a* or *b*.

	Ex.	1	2	3	4	5	6
a.	√	___	___	___	___	___	___
b.	___	___	___	___	___	___	___

Attività 9. Dettato

You are going to hear the first part of a sentence, followed by two possible completions. Then the first part of the sentence will be repeated. Write the first part of the sentence before the appropriate completion.

> a. _____ a Belgrado.

> b. *I miei amici portoghesi abitano* a Lisbona.

1. a. _____ il volume.

   b. _____ in diretta.

2. a. _____ molta pubblicità.

   b. _____ premere il pulsante.

3. a. _____ il giornale radio.

   b. _____ il videogioco.

4. a. _____ registratore.

   b. _____ i canali televisivi.

Attività 10. Ascoltare e capire

You will hear five sentences based on the *Nota culturale*. Indicate whether they are true or false.

	1	2	3	4	5
vero	___	___	___	___	___
falso	___	___	___	___	___

Lezione 17ª   Musica leggera o musica classica?

Attività 2. Vero o falso?
You will hear five statements based on the dialogue. Check *vero* if the statement is true; check *falso* if it is false.

	1	2	3	4	5
vero	____	____	____	____	____
falso	____	____	____	____	____

Attività 3. Pronuncia: Il suono della lettera *p*
personaggio, perché, periodo, parere, opera, complesso, aperitivo, sempre
appuntamento, cappuccino, purtroppo, appena, giapponese, rapporto, appartamento, applauso

You are going to hear a *scioglilingua* (tongue-twister) that is partially reproduced below. Listen to it and fill in the blanks with the missing words. You will hear the tongue-twister twice.

_____ la _____ la _____ _____,

sotto la _____ la _____ _____.

Struttura ed uso

Attività 6. Il congiuntivo
You will hear a question followed by two answers, *a* and *b*. During the pause, indicate the correct answer below.
You will hear each group of question and answers twice.

> _√_ a. Credo che ne abbia comprati due.

   ___ b. Non credo che venga a casa.

1. ___ a. Credo che preferisca quella rossa.

   ___ b. Credo che preferisca quella classica.

2. ___ a. Dubito che le abbia finite.

   ___ b. Dubito che l'abbia finito.

3. ___ a. Temo che lui abbia molto da fare.

   ___ b. Temo che la musica sia buona.

4. ___ a. Arriverà prima che tu parta.

   ___ b. Dubito che veda il concerto.

5. ___ a. Sembra che la cucina sia nuova.

   ___ b. Lo cucino io purché mi lasciate in pace.

Attività 8. Dettato

Listen to the following passage, which will be read three times. Now write the paragraph below.

_____ Francesco _____

Palazzo dello Sport _____.

_____ I cavalieri

della notte _____ Le sorelle nostrane _____

_____ Michele Orlandini _____ Gustavo da Rieti. _____

_____.

Attività 9. Ascoltare e capire

You are going to hear five statements based on the _Nota culturale_. Indicate whether they are _vero_ or _falso_.

	1	2	3	4	5
vero	____	____	____	____	____
falso	____	____	____	____	____

Lezione 18ª Come vedete il vostro futuro?

Attività 2. Vero o falso?
You will hear five statements based on the dialogue. Check *vero* if the statement is true; check *falso* if it is false.

	1	2	3	4	5
vero	___	___	___	___	___
falso	___	___	___	___	___

Attività 3. Pronuncia: Dittonghi e trittonghi
grazie, buono, vuole, pieno, stadio, piano, miei, tuoi, suoi, vuoi, puoi, aiuola

Proverbi. You are going to hear two proverbs that are partially reproduced below. Listen to them and fill in the blanks with the missing words. You will hear each proverb twice.

Natale con i _____ e Pasqua con chi _____.

Con la scusa del _____, la mamma si _____.

Ampliamento del vocabolario

Attività 4. Il mondo del lavoro
You are going to hear ten definitions. Check the word to which each definition refers. You will hear each definition twice.

> √ a. l'agenzia di consulenza
___ b. il posto

1. ___ a. la consulenza
   ___ b. curriculum vitae
2. ___ a. l'occupazione
   ___ b. il colloquio
3. ___ a. lo stipendio
   ___ b. il capo
4. ___ a. il salario
   ___ b. il concorso
5. ___ a. si licenzia
   ___ b. guadagna molto

6. ___ a. sostenere un colloquio
   ___ b. intraprendere
7. ___ a. i giorni di ferie
   ___ b. la tredicesima
8. ___ a. la retribuzione
   ___ b. la fabbrica
9. ___ a. a tempo pieno
   ___ b. a tempo parziale
10. ___ a. gestire
    ___ b. guadagnarsi la vita

Attività 5. Imperativo con i pronomi *lei* e *loro*
You will hear eight sentences. Indicate whether each sentence is in the imperative or not.

	Ex.	1	2	3	4	5	6	7	8
sì	√	___	___	___	___	___	___	___	___
no	___	___	___	___	___	___	___	___	___

Attività 6. Imperfetto del congiuntivo
You will hear an incomplete sentence followed by two possible responses. Indicate the correct ending, *a* or *b*. You will hear each item twice.

> ___ a. vada con Elena.

  √ b. andasse con Elena.

1. ___ a. comprassi una nuova macchina.

   ___ b. compri una nuova macchina.

2. ___ a. fossero arrivati in ritardo.

   ___ b. siamo arrivati in ritardo.

3. ___ a. ci divertiamo alla festa.

   ___ b. ci divertissimo alla festa.

4. ___ a. fosse stanco.

   ___ b. sia stanco.

5. ___ a. vi prepariate immediatamente

   ___ b. vi preparaste immediatamente.

6. ___ a. vendesse la casa.

   ___ b. vende la casa.

Attività 7. Dettato
Listen to the following newspaper ad, which will be read three times. Now write the paragraph below.

_____ Istituto di Credito _____ Lombardia _____

_____ estero. _____

diplomato o laureato _____ , _____ conoscenza

_____ , _____ significativa _____

_____ dieci _____ .

_____ interessati _____ dettagliato _____

_____ : Corriere _____ Milano.

Attività 8. Ascoltare e capire
You will hear five statements based on what you heard. Check *vero* if the statement is true; check *falso* if it is false.

	1	2	3	4	5
vero	___	___	___	___	___
falso	___	___	___	___	___

Lezione 19ª   Cosa stai leggendo?

Attività 2. Vero o falso?
You will hear five statements based on the dialogue. Check *vero* if the statement is true; check *falso* if it is false.

	1	2	3	4	5
vero	___	___	___	___	___
falso	___	___	___	___	___

Attività 3. Pronuncia: La punteggiatura
You will hear the names of eleven punctuation marks. Write each name in the space provided.

1. _____   4. _____   7. _____   10. _____

2. _____   5. _____   8. _____   11. _____

3. _____   6. _____   9. _____

Now you are going to hear a brief dialogue in which you will also be given the punctuation. Listen and write what you hear.

_____

_____

_____

_____

_____

_____

_____

_____

_____

_____

Attività 4. Sostantivi composti

You are going to hear the first half of some compound nouns. Write each before the appropriate second half below.
You will hear each word twice.

>   ___*rompi*___ ghiaccio

_____ tappi; _____ carte; _____ stoviglie; _____ scatole; _____ gente;

_____ mano; _____ foglio; _____ polvere; _____ capo

Struttura ed uso

Attività 5. Trapassato del congiuntivo

You will hear an incomplete sentence followed by two possible endings. Select the better ending, *a* or *b*, below. You
will hear each item twice.

>   _√_ a. avesse capito tutto.

    ___ b. aveva capito poco.

1. ___ a. abbia letto una poesia.   4. ___ a. avevate tempo di giocare.

   ___ b. avesse letto un libro.   ___ b. aveste avuto tempo di scrivere.

2. ___ a. avessi chiamato il dottore.   5. ___ a. fossi arrivato alle due.

   ___ b. avevi parlato col vigile.   ___ b. sia arrivato per le tre.

3. ___ a. avessero ascoltato attentamente. 6. ___ a. era caduta vicino casa.

   ___ b. abbiano sentito bene.   ___ b. fosse caduta alla stazione.

Attività 6. Frasi introdotte da *se*

You will hear some statements, each containing an if-clause in Italian introduced by *se*. Listen closely and determine
whether each sentence refers to a hypothetical situation using the imperfect subjunctive, or a real situation using the
indicative. Then put a check in the row *real* or *hypothetical* below.

	1	2	3	4	5	6
real	___	___	___	___	___	___
hypothetical	___	___	___	___	___	___

Attività 7. Trapassato del congiuntivo e condizionale passato

You will hear six sentences. Indicate whether the verb in each sentence is in the *trapassato del congiuntivo* or the
condizionale passato.

	Ex.	1	2	3	4	5	6
condizionale passato	√	___	___	___	___	___	___
trapassato del congiuntivo	___	___	___	___	___	___	___

Attività 8. Dettato
You are going to hear the first part of a sentence, which will be read twice. Write the first part next to its appropriate completion.

a. _____ è Firenze.

b. _____ di Alberto Moravia.

c. _____ per mio fratello.

d. _____ non ho neanche una lira.

Attività 9. Ascoltare e capire
You are going to hear five sentences based on the *Nota culturale*. Indicate whether each sentence is logical by checking the row *logica* below.

	1	2	3	4	5
logica	____	____	____	____	____

Lezione 20ª Una campagna elettorale

Attività 2. Vero o falso?
You will hear five statements based on the *lettura*. Check *vero* if the statement is true; check *falso* if it is false.

	1	2	3	4	5
vero	___	___	___	___	___
falso	___	___	___	___	___

Ampliamento del vocabolario

Attività 3. La politica ed il governo
You are going to hear seven definitions. Check the word to which the definition applies.

1. ___ a. il candidato   ___ b. il ministro
2. ___ a. la costituzione   ___ b. il manifesto
3. ___ a. il Primo Ministro   ___ b. il presidente
4. ___ a. deputati e senatori   ___ b. il consiglio dei ministri
5. ___ a. la repubblica   ___ b. la monarchia
6. ___ a. il senato   ___ b. la camera dei deputati
7. ___ a. la monarchia costituzionale   ___ b. la dittatura

Struttura ed uso

Attività 4. Imperativo con pronomi complemento
You will hear a question, followed by two possible answers. Check the most appropriate answer, *a* or *b*. You will hear each item twice.

> √ a. Sì, spediscile.   ___ b. Sì, leggili.
1. ___ a. No, non telefonare loro.   ___ b. No, non le telefonare.
2. ___ a. Sì, invitiamole.   ___ b. Sì, invitiamoli.
3. ___ a. Sì, diamoglielo.   ___ b. Sì, dammelo.
4. ___ a. No, non dirgli niente.   ___ b. No, non portarlo qui.
5. ___ a. Sì, pagatemi tutto.   ___ b. Sì, fatele insieme.
6. ___ a. Non mettertela adesso.   ___ b. Mettila sulla sedia.

Attività 5. Aggettivi e pronomi indefiniti

You will hear eight sentences containing indefinite adjectives or pronouns. Indicate whether each sentence contains an adjective or pronoun.

	Ex.	1	2	3	4	5	6	7	8
aggettivo indefinito	√	___	___	___	___	___	___	___	___
pronome indefinito	___	___	___	___	___	___	___	___	___

Attività 6. Dettato

Listen to the following passage, which will be read three times. Now write the paragraph below.

_____ Giacomo Tacconi _____

ed ora _____ si è aperta _____.

_____ si debbano

_____ anticipate. _____

_____ in agitazione _____

appropriati _____.

Attività 7. Ascoltare e capire

You are going to hear five statements based on the *Nota culturale*. Check *vero* if the statement is true; check *falso* if it is false.

	1	2	3	4	5
vero	___	___	___	___	___
falso	___	___	___	___	___

Lezione 21ª   Sciopero generale

Attività 2. Vero o falso?

You will hear five statements based on the *lettura*. Check *vero* if the statement is true; check *falso* if it is false.

	1	2	3	4	5
vero	—	—	—	—	—
falso	—	—	—	—	—

Struttura ed uso

Attività 4. Il passato remoto

You will hear eight sentences. Indicate whether or not the verb in each sentence is in the *passato remoto*.

	Ex.	1	2	3	4	5	6	7	8
sì	√	—	—	—	—	—	—	—	—
no	—	—	—	—	—	—	—	—	—

Attività 5. Verbi che richiedono una preposizione prima dell'infinito

You will hear eight sentences. Indicate whether the verbs are followed by the prepositions *a* or *di* or by no preposition. You will hear each sentence twice.

	Ex.	1	2	3	4	5	6	7	8
a	—	—	—	—	—	—	—	—	—
di	—	—	—	—	—	—	—	—	—
niente	√	—	—	—	—	—	—	—	—

Attività 6. Dettato

You are going to hear the first part of a sentence followed by two possible completions. Then the first part of the sentence will be repeated. Write the first part of the sentence next to the appropriate conclusion below.

1. a. _____ parteciparono allo sciopero.

   b. _____ noleggia un aereo.

2. a. _____ la campagna elettorale.

   b. _____ dei bei disegnini.

3. a. _____ erano chiuse.

   b. _____ vendeva caffè ai lavoratori.

4. a. _____ con questo tempaccio.

   b. _____ perché hanno registrato quella canzone.

Attività 7. Ascoltare e capire
You are going to hear five sentences based on the *Nota culturale*. Check *vero* if the statement is true; check *falso* if it is false.

	1	2	3	4	5
vero	____	____	____	____	____
falso	____	____	____	____	____

Lezione 22ᵃ   Come si può fermare l'inquinamento?

Attività 2. Vero o falso?
You will hear five statements based on the dialogue. Check *vero* if the statement is true; check *falso* if it is false.

	1	2	3	4	5
vero	___	___	___	___	___
falso	___	___	___	___	___

Ampliamento del vocabolario

Attività 3. Famiglie di parole
You are going to hear some adverbs. Write the adjective derived from each adverb. You will hear each adverb twice.

> _studioso_

1. _____   5. _____

2. _____   6. _____

3. _____   7. _____

4. _____

Struttura ed uso

Attività 4. La voce passiva
You will hear eight sentences. Indicate whether the sentence is in the *voce passiva* or in the *voce attiva*. You will hear each sentence twice.

	Ex.	1	2	3	4	5	6	7	8
attiva	√	___	___	___	___	___	___	___	___
passiva	___	___	___	___	___	___	___	___	___

Attività 6. Aggettivi numerali ordinali
You will hear ten sentences containing ordinal numbers. Write out cardinal numbers that correspond to the ordinal numbers you hear. You will hear each sentence twice.

> _cinque_

1. _____ 3. _____ 5. _____ 7. _____ 9. _____

2. _____ 4. _____ 6. _____ 8. _____ 10. _____

Attività 7. Dettato

You are going to hear a question and an answer. Then you are going to hear the question again. During the pause, write the answer below.

1. _____

2. _____

3. _____

4. _____

5. _____

Attività 8. Ascoltare e capire

You are going to hear five questions, each followed by two possible answers. Check the most appropriate answer to each question.

1. ___ a. uno dei paesi più industrializzati del mondo   ___ b. un paese essenzialmente agricolo

2. ___ a. molto benessere e nessun problema   ___ b. un grave problema ecologico: l'inquinamento

3. ___ a. le case, le macchine ed i giardini   ___ b. i fiumi, i laghi ed anche tratti di mare

4. ___ a. lo sviluppo della motorizzazione   ___ b. gli animali selvatici

5. ___ a. dello sviluppo tecnologico del paese   ___ b. dell'importanza del problema ecologico